高校创新创业教育探索与实践研究

曾绍玮　李　应　著

电子科技大学出版社
University of Electronic Science and Technology of China Press
·成都·

图书在版编目（CIP）数据

高校创新创业教育探索与实践研究 / 曾绍玮，李应著．-- 成都：电子科技大学出版社，2021.3（2024.1重印）
ISBN 978-7-5647-8370-9

I. ①高… II. ①曾… ②李… III. ①高等学校—创业—教育研究—中国 IV. ① G647.38

中国版本图书馆 CIP 数据核字 (2020) 第 198154 号

高校创新创业教育探索与实践研究
GAOXIAO CHUANGXIN CHUANGYE JIAOYU TANSUO YU SHIJIAN YANJIU
曾绍玮　李　应　著

策划编辑　杨仪玮
责任编辑　杨仪玮

出版发行　电子科技大学出版社
　　　　　成都市一环路东一段 159 号电子信息产业大厦九楼　邮编 610051
主　　页　www.uestcp.com.cn
服务电话　028-83203399
邮购电话　028-83201495

印　　刷　三河市华晨印务有限公司
成品尺寸　170mm×240mm
印　　张　13
字　　数　240 千字
版　　次　2021 年 3 月第 1 版
印　　次　2024 年 1 月第 2 次印刷
书　　号　ISBN 978-7-5647-8370-9
定　　价　79.80 元

前言

“大众创业，万众创新”赋予了高校创新创业教育新的内涵，对其提出了更高要求。作为创新创业教育的主要载体，高等学校不仅要承担着素质教育的责任，更具有为社会培养、输送大量创新创业型人才的重要使命。因此，高等教育要全面实施素质教育，着力提高教育质量，培养学生的创新精神、实践能力和社会责任感，就必须深化创新创业教育改革。

高校创新创业教育的开展往往涉及跨专业、跨学院以及跨领域的深入合作，涉及校内外资源的充分整合，需要各方人力、资源、资本等要素的充分合作，因此，创新创业教育远比专业教育更为综合和复杂，构建高校创新创业教育机制势在必行。这就需要进行创新创业教育理论和实践研究，厘清高校创新创业教育的内涵、关系和基础理论，研究国内外高校创新创业教育发展现状并积极借鉴发达国家高校创新创业教育经验，创新和完善我国高校创新创业教育发展机制。

鉴于此，笔者撰写了《高校创新创业教育探索与实践研究》一书，在内容编排上共设高校创新创业教育概述、国内外高校创新创业教育发展借鉴、高校创新创业教育的机制及运行、大学生创新创业的团队建设与资源整合、高校“广谱式”创新创业教育实践探究以及高校创新创业教育的实践路径等六章。

本书有如下两个特点：

第一，本书对创业教育理论的探究、创业教育实践的指导具有重要的价值，尤其是面对以创业知识教育、创业方法教育为重的现实状况，创业教育价值的研究就显得尤为重要。本书运用国内外教育思潮和流派的有关论述和经验，从各个视角分析创新创业的教育状况，学习和理解与创新创业教育有直接关系的教育思想和教育理论，具有重要的应用价值。

第二，本书具有知识时代下的前沿创新引导作用，在研究内容上突出了对创新创业主体立场、原则、需要、素质以及能力等的研究，充分体现了前沿创新之处。

笔者在撰写本书的过程中，得到了许多专家学者的帮助和指导，在此表示诚挚的谢意。由于笔者水平有限，加之时间仓促，书中所涉及的内容难免有疏漏之处，希望各位读者多提宝贵意见，以便笔者进一步修改，使之更加完善。

作者

2020.11

目　录

第一章　高校创新创业教育概述 /1

第一节　创新创业的理论基础 /3

第二节　高校创新创业教育理论分析 /23

第三节　高校创新创业教育现状 /34

第二章　国内外高校创新创业教育发展借鉴 /41

第一节　美国高校创新创业教育发展借鉴 /43

第二节　英国高校创新创业教育发展借鉴 /48

第三节　我国高校创新创业教育发展借鉴 /53

第三章　高校创新创业教育的机制及运行 /67

第一节　创新创业教育的内在契合机制 /69

第二节　高校协同创新创业教育的管理决策机制 /84

第三节　高校协同创新创业教育的激励与调控机制 /92

第四节　高校协同创新创业教育机制的有效保障 /106

第四章　大学生创新创业的团队建设与资源整合 /127

第一节　大学生创新创业能力培养 /129

第二节　大学生创新创业团队建设及其路径 /131
第三节　大学生创新创业的资源整合及途径 /145

第五章　高校“广谱式”创新创业教育实践探究 /151

第一节　“广谱式”创新创业教育的体系构建 /153
第二节　“广谱式”创新创业教育的生态建设 /161
第三节　“广谱式”创新创业教育的实施路径 /172

第六章　高校创新创业教育的实践路径 /175

第一节　高校创新创业教育管理实践模式 /177
第二节　高校创客空间的搭建 /180
第三节　高校创新创业多元孵化实践方式 /193
第四节　高校创新创业教育与专业教育融合的课程体系实践 /194

参考文献 /197

第一章 高校创新创业教育概述

习近平强调："创新是社会进步的灵魂，创业是推动经济社会发展、改善民生的重要途径。青年学生富有想象力和创造力，是创新创业的有生力量。"加强创新创业教育，是推进高等教育综合改革、提高人才培养质量的重要举措。鉴于此，本章重点从创新创业的理论基础、高校在该领域的教育理论分析及教育现状三个方面进行详细阐述和探讨。

第一节　创新创业的理论基础

一、创新创业的认知

通俗而言，创新创业是在某个或者某些创新活动的基础上进行的创业活动，创新活动涉及技术、产品、服务、管理、渠道等众多领域。就创新创业而言，创新是其特性和前提，创业是其追求和目标。

创新创业既不是利用现有资源创造出前所未有的思想或事物的创新行为，也不是对现有资源进行优化整合以达到更高经济或社会价值的创业行为，而是在创新前提下进行的创业活动。创新具有原创性和开拓性，创业具有趋利性。在创新创业概念中，前者是后者的基础，后者是前者的价值体现。

（一）创新的认知

创新是通过概念化过程产生出与原有事物存在较大差异的新思维、新创作、新技术等。英语中的创新是从拉丁语演变而来的，原意有三层含义：一是更新，替换原有的事物；二是创造，创造出原来没有的事物；三是改变，对原有事物进行发展和改造。创新是人类区别于其他生物的特有能力，是自觉能动性的高级外在表现。因为有创新行为，人类社会才会持续不断地前进发展。

人们对哲学、经济学、社会学理论与实践的不断深入研究，促进了人们对创新概念的认识和理解，详见表 1-1。[1]

表 1-1　创新的基本含义

姓名	创新的含义
约瑟夫·熊彼特（1912）	建立一种新的生产函数，即把一种从来没有过的关于生产要素和生产条件的“新组合”引入生产体系
彼得·德鲁克（1989）	赋予资源以新的创造财富的能力的行为
彼得·圣吉（1994）	当一个新的构想在实践中被证实可行的时候，工程师称之为发明，而只有当它能够以适当的规则和切合实际的成本，稳定地加以重复生产的时候，这个构想才成为创新
康德瓦拉（2005）	创新是形成创新性思想并付诸实践的过程
经济合作与发展组织（2000）	创新的含义比发明创造更为深刻，它必须考虑其在经济上的运用，实现其潜在的经济价值。只有当发明创造被引人经济领域时，它才成为创新
冯之竣（1999）	创新是存在于生产力、生产关系和上层建筑全部领域的人的创造性活动，既包括生产过程的创新，也包括社会活动的创新
周祖城（2000）	创新是指从新的构想、新的观念产生到这些新的构想、新的观念被运用的整个过程

[1] 本节表格均引自：滕飞，冉春秋．创新创业管理 [M]．北京：首都经济贸易大学出版社，2018.

续表

姓名	创新的含义
陈玉和（2001）	创新是在人类社会生产劳动实践中，取得的那些对人类社会进步及人的发展具有长远而巨大的促进与加速作用的一类杰出成果
徐建立（2001）	创新是主体依据社会需要，在原事物基础上引申发散、推陈出新，产生既具有推动社会发展潜能，又具有前沿性、价值性和超越性成果的行为活动

1. 创新的类别划分

创新可以从以下不同角度进行分类。

（1）从表现形式来分，创新包括知识创新、理论创新、工艺创新、技术创新、产品创新、服务创新、制度创新、商业模式创新、管理创新、渠道创新等。

（2）从服务领域来分，创新包括教育创新、医疗创新、通信创新、民生创新、金融创新、工业创新、农业创新、商业创新等。

（3）从行为主体来分，创新包括个人创新、企业创新、高校创新、科研机构创新、政府部门创新、中介服务机构创新等。

（4）从组织形式来分，创新包括独立创新、联合创新、引进创新等。

（5）从过程变化来分，创新包括演化性创新、革命性创新等。

（6）从实践效果来分，创新包括有价值创新、无价值创新、负效应创新等。

（7）从创新程度来分，创新包括首创型创新、改创型创新、仿创型创新等。

（8）从管理对象差异性来分，创新包括知识创新、技术创新与制度创新等。

2. 创新的主要意义

创新是推动人类社会发展前进的动力源泉之一，在宏观和微观层面都有非常重要的现实意义。

（1）创新对一个国家和民族的繁荣兴盛具有关键性的决定作用。随着社会的发展，国家之间的竞争已经逐渐演变为创新能力的竞争。

从经济学角度来看，创新会直接促进科学技术的进步，高新技术应用到生产实践中又会推动生产设备及相关技术的更新换代，这对劳动者的业务能力和综合素养也会有一定程度的提升作用。这些综合因素的推动会产生先进的生产力。

从社会学角度来看，理论创新会促进制度、技术等的创新，进而会带来生产关系及社会政治、经济、文化等制度方面的革新与发展。

从文化角度来看，创新推动人类思维和文化的发展。思维方式的变化受到人的实践方式的影响。行为方式一定程度上作用于思维方式。理论创新和实践创新相辅相成，相互作用，共同推动科学技术的革新。这有助于拓展人类的认识眼界，扩大认知范围，进而推动人类思维的转变和发展。因此，创新作为重要的行为方式之一，推动了人类思维方式的发展与变革。文化的改变同样需要行为方式的发展与革新，同等道理下，创新也推动了人类文化的发展。所以，人们需要树立创新意识，不断进行创新。

（2）创新对个人的成长进步至关重要，是其在工作中保持持久活力的原动力。一方面，创新是人为了解决问题、创造更好的生活而必须做的一种行为，是人的主观需求。创新行为是人对原有的事物或者思维进行分解，再利用自己的思维进行加工重组，创造出不同于原来的新事物或新思维。另一方面，创新是人类认识和改造世界时勇往直前的实践活动和勇于开拓的精神状态的协调统一。社会的发展会促使人产生新的物质或精神需求，这种需求会推动着人类在现有的物质或精神活动基础上，创造出能满足需求的新物质或新精神，从而在这一过程中充分体现自身价值。这一满足更高需求的实践过程就是创新。

（二）创业的认知

一般情况下，创业是最能突显人的主体地位的社会实践活动，是人类借助服务、技术、工具等自身拥有的资源从事社会生产的一种劳动方式，包括广义和狭义两种概念。

广义的创业是各行各业的人为了创造价值、成就事业而进行的创造性社会实践活动。其功能指向是成就国家、集体和群体的大业，突显的是主体独有的理念、能力和行动等。

狭义的创业是经济学领域的概念，是主体为了解决就业或创造经济 / 社会价值而成立一定规模的企业，专门供应某项物质产品或服务的经济活动。

创业是人类在社会生产实践中通过自身敏锐的洞察力发现商机，并据此成为商业主体，创造出新的产品或服务，充分发挥其潜在价值的一种复杂的实践活动过程。这一过程通常是指从创业意识萌发到落地进行实践。创业的特征表现为以下四个方面：①有价值的创业项目。开创的新事业必须是对个人和社会都具有价值的，否则创业活动毫无意义。②需要付出巨大的努力。创业活动想要成功，需要创业者花费大量的时间、精力和体力，因为大多数情况下创业初期都是很艰苦的。③需要承担一定的风险。创业面临的风险各有不同，主要涉及资源、市场、财务、技术等几个方面，创业者要有一定的魄力和胆识。④预期会带来回报，包括精神和物质两个方面的回报。这是创业者从事创业活动的主要原因，也是其在创业活动中奋勇向前的动力。

由此可见，创业是主体发现商机，并借助自己已经掌握的信息、资源、技术等，利用一定的方法和手段，在现有基础上创造出新的产品或服务，最终实现创业目标的创造实践过程。

1. 创业的类别划分

创业可以依据不同的标准进行多层面的划分。进行创业类别划分的目的是帮助主体通过对不同创业决策的对比来找出最适合的创业类型。创业具体可以从以下几个层面进行类别划分。

（1）从动机来分，创业包括机会型创业、生存型创业。

（2）从企业建立渠道来分，创业包括自主型创业、企业内创业。前者是创业个人或团体从零开始创造新的公司；后者是已经发展成熟、步入正轨的企业为了得到更好的发展，刺激创新或使创新成果转为现实生产力，利用授权或物质支持等方式来鼓励和促进企业内创业。

（3）从主体来分，创业包括大学生创业、失业者创业、退休者创业、辞职者创业等。

（4）从项目性质来分，创业包括传统技能型创业、高新技术型创业、体力服务型专业、知识服务型创业等。

（5）从承担风险来分，创业包括依附型创业（依附大企业 / 产业链或进行品牌加盟）、尾随型创业（模仿他人成功经验）、独创型创业（填补市场内容或形式空白）、对抗型创业（对抗垄断企业）等。

（6）从周期长短来分，创业包括初始创业（从无到有）、二次创业（成熟期再创业）、连续创业（初始创业到二次、三次创业等）等。

2. 创业的主要意义

（1）站在社会角度来看，创业能够推动科学技术的创新研发，促进国家整体经济形势的繁荣发展，在创造出丰厚的物质财富、带来巨大经济效益的同时，还能够增加就业机会，提升整体就业率，有效帮助我国缓解当前严峻的就业形势。另外，创业活动对促进我国创新教育的改革发展，培养社会急需的创新型人才意义重大。它能为创业型教育活动提供宽广的实践平台和现实理论。对社会而言，创业具体的意义和作用表现在以下四个方面：①增加经济效益，提高经济发展水平。②拓展就业渠道，缓解就业压力。如果有一成的人创业，便会为其他九成人提供就业机会。③推动科技和社会发展，提高整体创新能力。④带动区域整体发展前进。

（2）站在个人角度来看，创业需要付出巨大的努力，会面临不同形式的困难和风险，这些考验会不断促进个人思维和实践能力的提升。首先，创业可以满足生存需求，获得经济回报。其次，创业有利于实现个人价值和社会价值。选择自主创业是为了通过这一途径来证明自己的能力。不少创业者有这样的共识：不管职位有多高，他们都没有办法获得创业所带来的那种从零开始、从无到有的满足感。创业者可以在一个空间里发挥自己的才能，通过影响一部分人来实现自我价值，得到社会的认可。最后，创业是一种职业。在就业成为主流的情况下，自主创业的人会越来越多，甚至成为社会提倡的主流，成为大学生毕业后就业的重要选择。

（三）创新与创业的联系

1. 创新推动创业

企业家会努力通过技术创新，即新产品或服务生产的新流程，获得战略优势。在一段时期内，获得战略优势的这家企业可能是唯一使用该创新手段的企业，所以该企业家可以预期获得“垄断利润”。但是其他的企业家会最终发现创新并努力去模仿该创新，这样创新就进一步提升了整个产业的生产力，并且在模仿中涌入的大量新思想使得垄断利润逐渐减少并最终达到平衡。与此同时，新的创新循环又将开始。在这一过程中，有创新目的的企业家或创新主体需要获得一定的经济利益来支撑创新，也会寻找重新制定游戏规则的下一个创新点，即创业机会的形成。“创造性破坏”概念，较为清晰地明确了创新与创业之间的关系。创业者在新的利润增长点的驱动下，需要通过创新获得垄断利润。创新者在寻找摧毁旧规则的新的创新点的同时，需要通过创业实现对创新的持续支撑。创业来自新产品、新技术、新供应来源与新组织的竞争，竞争不仅侵蚀企业的利润和既有产出，而且会动摇企业的根基。创新不仅是竞争的工具，也是保障的基础。

所以，创新推动创业是新时代创业浪潮最典型的特征之一。讨论创新创业，就需要明确创新的基础作用。创新能力的提高为创业奠定了良好的基础。随着各项优惠和扶持政策的出台，创新拉动创业的趋势已经形成。

2. 创业精神推动创新

创业精神意味着有远见、睿智地运用相关工具，精力充沛地执行创新创业战略，以及带有冒险倾向性地去判断与决策。创新型组织需要在组织中创造一种结构（部门、团队、专家小组等）去利用资源并承担推动创新的责任。倘若缺乏创业精神，有效的组织变革便不会发生。

在现实中，创业精神会在不同的阶段发挥作用。例如，在一个新成立的企业里，个体企业家冒着巨大的风险将新产品投放市场。创业精神更多体现在更新企业现有产品和改进生产、提供产品的方法层面。这与新创企业所需的创业精神几乎一样重要。那些通常被称为“内部创业者”或者是工作在“公司创业部门”及“公司风险投资部门”的企业家，他们的新想法使他们所在的领域向前推进。当然，改变事物的激情并不一定要围绕着创造的商业价值，也可以在改善生产条件或是在更广泛的社会领域与社会环境可持续发展方面做出改变，这一领域被人们称为“社会创业”。

无论称呼和领域，最基本的模型是简单一致的——创业精神驱动着创新。在组织的生命周期里，创业精神驱动创新，从而创造商业价值和社会价值（见表 1-2）。

表 1-2　创业精神与创新

生命周期阶段	成立阶段	成长阶段	维持规模经济阶段	更新阶段
创造财富	个体企业家发现新技术或新的市场机会	通过增加新产品 / 服务或进入新市场来推动企业成长	建立增值创新组合来维持企业发展或将企业的影响力扩展到新市场	回归到打破框架式的创新点并向前推进
创造社会价值	社会创业者怀有激情，要改善或改变当前环境中的某些问题	形成创新思路，并聘用他人形成创新创业网络	将想法广泛传播，向其他社会创业者团体做宣传，并和公共事业部门等主流参与者建立联系	改变现有系统，充当变革的代理人

二、创新过程与创业过程

（一）创新过程的认知

1. 创新基本过程

在企业管理领域，创新是一个新想法被研究、产生、创造、发展、制造的同时被第一次赋予商业化特征的固定程序，即创新是“发明 + 发展 + 商业化”的代名词。这一程序中的任何一个组成部分都将影响到对企业市场价值的评估。

任何一个环节的低效联结，必将导致创新的滞后。所以，创新过程是一个探索性很强、风险很高的控制过程。要高效率地完成一个控制过程，需要具备三个基本要素，即推动过程发展的持续动力、明确而可行的控制目标与灵活有效的控制方法。

与控制过程必须具备的三要素相对应，创新过程的完整性必须依靠创新的目标、敏感性、方法三个关键要素。首先是创新目标的确定，这是鼓励人们积极主动寻找创新方向和目标的驱动力；其次是对创新的敏感性，它可以提高人们捕获创新目标的效率；最后是创新方法的选择，这是保证可以高质量、有效果地完成创新目标的关键因素。必须有机结合这三个因素才可以保证创新过程的完整性和成功。从管理学层面而言，创新过程也可以分为产生新的设想、展开具体研究、发展研究设想、试制、生产制造以及商业化等阶段。

想要基本完成创新设计，企业必须做到构想创业思路、设计研究、生产产品原型、规模生产、产品销售以及市场获利等。这些活动之间既互相关联，又会交叉或并行。正是这些活动的多种有机结合方式才促成企业内技术创新过程中模型的多样性。这些模型的主要特征表现为，技术的创新是融合多种技术成果后衍生出的一种具有“线性特征”的过程。简单而言，技术创新是一个以“研究与开发”为起点、以“市场”为终点的线性过程，而最终产品交易的市场是该过程产生成果的被动接受方。

2. 创新动态过程

创新是不断变化的动态过程。该过程分三个阶段：产品或者产业的变动、过渡以及特定的阶段。“动态”主要体现在产品或工艺在不同时间内的创新发生频率不同。与此同时，产品与工艺的创新之间互相关联的关系不容忽视。当创新过程处于第一阶段时，产品创新现象时有出现，工艺的创新频率却随之下降，产品市场中涌入大量参与者。当创新处于第二阶段时，有关产品的主要设计方向逐渐清晰，产品市场也逐渐成熟，此时创新便开始转向工艺。这时候企业之间的创新竞争体现在经济规模以及学习效益方面。当创新处于最后一个阶段时，创新是必然选择，企业的性质逐渐向创新创业方向靠拢。

（1）变动阶段。该阶段是指一系列产品或者是一个产业部门从产生到形成的时期。处于该阶段的产品或者是技术都处于很不稳定的状态，变化很频繁。在进行产品的创新时，存在的首要问题是此时的技术以及产品市场存在很多未知和不确定性。新品的技术不成熟，通常价格标准也会很高，性能也还未达到稳定的状态，因此技术具有不确定性；企业经营生产的是创新型产品，此时的目标市场是无法进行明确的定位的，因此该阶段的市场也不具备确定性。技术和市场两方的不确定性致使产品市场上依然没有形成产品设计的主导趋势，因此，竞争聚焦在产品功能方面。该阶段的产品创新发生频率相对很高。正是产品设计的不稳定性才使得产品在工艺方面的突破次数很少。

（2）过渡阶段。该阶段产品的主导设计开始明确，标准产品开始产生。此时，市场上的消费者已经对创新产品有了一定了解，市场也已经容纳该产品了，因此，企业开始规模生产。显然，此时对产品生产的管理以及成本的控制成为企业的重要任务。此时竞争市场的焦点已经由工艺转向产品质量和价格之间的竞争。该阶段的企业已经开始根据标准化的产品设计选择相应的生产设备以及生产产品所需要的原材料。但是，产品结构的变化必须控制在某一范围内，因此，产品的创新频率开始降低，企业创新的主要方向转向工艺，并注重生产效率的提高和低成本控制。

（3）特定阶段。特定阶段的产品设计已经完全稳定。此时，其他产业也已经开始模仿，竞争的主要方向是产品质量和成本。企业大多采用高度自动化设备完成定型产品的生产，并紧密连接着高效、低成本的产品制造过程，即无论是产品还是产品的工艺发生微小变化都会连带其他部分发生对应的变化，因此在该阶段实施创新比较难做到，同时还要付出很大的代价。产品和工艺的创新是循序渐进的。重要产品或者工艺的创新几乎不会受特定阶段的限制，未达到高效效果而选择刚性特征十分明显的高度自动化的设备会与技术方面的创新之间产生难以解决的问题和矛盾。该阶段的产品因为创新空间已经很小，所以被其他创新产品取代的风险很大。考虑到创新内容，形成一个动态的创新模型有助于发现并掌握技术方面的创新规律。

（二）创业过程的认知

1. 创业基本过程

创业的基本过程包括以下几个阶段。

（1）创业构思。创业构思主要来自技术与市场两个方面，一般来说创业构思可能不止一个，需要进行认真筛选。除此之外还需进行竞争因素分析并做出战略选择，同时对技术进行必要的研究、实验以及进行工业化初步设计。

（2）运作管理。当确定创业并已经形成创业构思后，创业者需要一小笔创业启动资金或公司开办费，用于必要的研究与开发、工艺与设备设计、技术与市场调研、可行性研究及创业计划、市场营销策划、公关策划及广告策划等。

（3）组织架构。由创业者组织形成小组，进行项目可行性研究，进一步形成创业计划。如果创业者自己不能完成或没有时间，也可以外请咨询公司来完成创业计划。

（4）运营准备。计划完成后，需要进行创业前的准备，确定公司形式、创业团队、经营团队、营销策划、销售方式与销售渠道，完善技术、选择经营场所、落实原材料来源、购置设备、获得有关法律批文等，最为重要的是落实创业资本，并尽快到位。一切准备好后，开始注册公司，领取营业执照，到银行开户，办理税务登记等。保证主要管理人员到位，建立健全公司的各种规章制度。

（5）人员配置与设备调试。进行员工招募与员工培训，同时进行设备安装、技术与工艺调试。

（6）计划生产。签订销售合同，购入原材料，按计划进行生产，完善质量管理系统。

2. 创业一般过程

创业的一般过程包括四个阶段：识别与评估市场机会、准备并撰写创业计划、获取创业所需资源、管理新创企业（见表 1-3）。

表 1-3 创业过程

第一阶段	第二阶段	第三阶段	第四阶段
识别与评估市场机会	准备并撰写创业计划	获取创业所需资源	管理新创企业
创新性，机会的估计与实际的价值，机会的风险与回报，机会、个人技能与目标，竞争状态	创业环境分析；创业团队准备；创业心理准备；撰写创业计划，包括营销计划、财务计划、生产计划、组织计划、运营计划	创业者现有资源，资源缺口与目前可获得的资源供给，通过一定渠道获得其他所需资源	管理方式；创建企业文化，发展战略，商业模式；新创企业管理，包括组织与人事管理、技术与产品管理、市场营销管理、财务管理

（1）识别与评估市场机会

第一，创业机会的识别。市场缺失常给人带来困扰，有困扰就迫切希望得到解决。如果能提供解决的办法，实际上就找到了创业机会。消费者使用商品时常有不少困扰发生，如果能够针对这些商品使用时的不便，制造或提供给消费者更多的附加价值，就是创业机会所在。创业是一个市场推动的过程，市场推动是创业成功的必要条件。创业机会还会隐藏在顾客的抱怨或建议中。如果顾客认为其需要没有得到满足或没有很好地得到满足，他们就会基于对自己需求的认识，提出各种各样的建议，甚至进行抱怨。有些抱怨、建议可能是简单的、非正式的，有些建议可能是具体的，并有详尽的资料与说明来为其建议提供支持。总之，无论采取何种方式，有效的创业者都应当热情地听取顾客的建议并做出相应的反应，或许这就是非常好的商业机会。

第二，市场信息的搜集与调查。观察法是最简单的信息搜集方法，创业者可以通过观察潜在客户的行为或反应来达到搜集所需信息的目的，也可以通过观察行业先进入者的行为来获取必需的经验。观察法获取信息较为客观，具有一定的真实性，但很难了解用户需求的真正动机。面谈法是指与潜在客户面对面交谈的方法。通过面谈法，创业者能够比较容易地获得所需信息。根据所处的实时环境，创业者可以灵活地采用不同的谈话技巧，使交谈顺利进行。创业者也常常采用电话询问与网络问卷法来进行市场信息的搜集与调查。

市场调查的主要内容包括政策法律环境调查、行业环境调查、宏观经济状况调查等。

第三，创业环境综合分析。SWOT（Strengths——优势、Weaknesses——劣势、

Opportunities——机遇、Threats——威胁）分析是创业企业对进入市场进行机会评估的重要方法之一。评估企业的优势和劣势、机会和威胁，用以对创业机会环境进行深入全面的评估和选择分析，主要包括以下方面。

①分析内外环境因素。相对于竞争对手，企业的优势主要体现在有利的竞争状态、足够的资金支持、优秀的企业形象、较为优质的产品、较高的市场占比、广告攻势以及成本优势等因素；而企业的劣势则主要表现在生产设备的老化、管理模式混乱、缺少资金支持、经营状况不佳、与对手之间竞争力悬殊以及库存积压等因素。“机会”和“威胁”来自企业组织外部。前者主要包括新市场和新产品的形成、顾客产生的新需求、市场壁垒的解除和竞争者产品经营的失误等，后者主要包括竞争对手产品市场份额的提高、替代产品的出现、经济环境不好、行业政策发生改变、各种突发事件以及顾客偏好的转移等。

②构造 SWOT 矩阵。进行 SWOT 分析时，要在完成对本公司内部优势与劣势的因素分析的基础之上进行对企业外部因素的分析与评价。因为它们共同决定企业战略的制定方向。

③提出解决对策。根据环境因素的分析结果以及 SWOT 分析结果，企业可以确定行动方案。方案的主要设计目的是将企业的优势尽可能发挥出来，避免企业劣势的影响，把握各种机会因素，评价过去、控制现在及预测未来。此外，确定有利于企业未来可持续发展的决策可以运用结合各种环境因素综合分析的方法。

（2）准备并撰写创业计划书

第一，创业计划书的内容。一个风险投资公司每月都要收到数以百计的各式各样的创业计划书，每个风险投资者每天都要阅读很多份创业计划书，而其中仅仅有几份能够引起他进一步阅读的兴趣。因此，为了确保创业计划书能够引起风险投资者足够的注意，事前必须进行充分周密的准备工作。创业计划书一般需要包括的内容有公司摘要、公司业务描述、产品或服务、收入、竞争情况及市场营销、管理团队、财务预测、资本结构等。

第二，创业计划书的制作。创业计划书的摘要最为关键。整个创业计划书要有一个精彩的概要，每个章节要有一个精彩的开头，每个段落开头要有一个精彩的句子，用以吸引投资者的注意力。撰写创业计划书的最主要的目的是吸引投资者，使他们产生兴趣。另外，在寻找投资者之前，一定要做好市场调查，厘清要找的投资者的基本情况，在计划书中更细致地呈现投资者感兴趣或者关心的方面，例如，所有投资者都对利润大、风险小的投资项目感兴趣。在一般情况下，投资回报与风险成正比，但是在众多的项目选择中，投资者仍然首先把注意力集中在那些风险相对较小、回报相对较大、资金更安全的项目上。所以制作创业计划书，要将收益、成本以及风险问题谈清楚。

（3）获取创业所需资金

第一，融资方式。融资方式包括银行贷款、股票筹资、债券融资、融资租赁等。银行贷款是企业最主要的融资渠道。按资金性质来讲，银行贷款分为流动资金贷款、固定资产贷款和专项贷款三类。企业采用发行股票的方式进行筹资的风险相对较低，有助于企业经营机制转换为具有独立自主权利、可以自己担负本企业盈亏、依靠自己发展并进行自我限制的独立法人。采用发行有价债券进行融资的公司一般要经过法定程序，承诺在规定期限内连本带息一起偿还，而且在发债企业与投资人之间形成的是债务与债权的关系。在该企业进行破产清算的时候，作为债权人的投资企业享有剩余资产优先分配权，并且对债券也具有自由转让处理的权利。融资租赁，是将融资与融物相结合，兼具金融与贸易的双重职能，能提高企业的融资效益，促进企业的技术进步，具体包括直接购买租赁、售后回租以及杠杆租赁等。

第二，风险投资。股权融资是创业者用未来企业部分股权换取投资的一种融资方式，比如风险投资。近年来，风险投资逐渐为创业者们所熟悉。在风险投资支持下，企业成功发展的案例激发了无数创业者的热情。

（4）管理新创企业

第一，企业法律组织形式。在创建新企业之前，创业者应该事先确定企业的法律组织形式。一个新创企业可以选择不同的组织形式。各种法律组织形式没有绝对的好坏之分，对创业者来说各有利弊，但无论选择哪种形式，都必须根据国家的法律法规要求和新创企业的实际情况，科学衡量各种组织形式的利弊，决定合适的组织形式。各种组织形式的优劣比较见表 1-4。

表 1-4　各种企业组织形式的优劣比较

组织形式	优势	劣势
个人独资企业	企业设立手续简便，费用低；所有者拥有企业控制权，能迅速对市场变化做出反应；只需交纳个人所得税；技术和经营方面易于保密	创业者承担无限责任，成功过多依赖创业者，筹资困难，企业随着创业者退出而消亡，创业者投资流动性低
合伙企业	创办比较简单、费用低，经营比较灵活；资金来源较广，信用度较高	合伙创业人承担无限责任；企业绩效依赖合伙人能力，规模受限；投资流动性低，产权转让困难
有限责任公司	创业股东只承担有限责任，风险小；公司易于存续；可以吸纳多个投资人，促进资本集中；多元化产权结构，有利于决策科学化	创立的程序较复杂，创立费用较高；存在双重纳税问题，税收负担较重；不能公开发行股票，筹集资金规模受限；产权不能充分流动，资产运作受限
股份有限公司	创业股东只承担有限责任，风险小；筹资能力强，公司具有独立寿命，易于存续；职业经理人进行管理，管理水平高；产权可以股票形式充分流动	创立程序复杂，创立费用高；存在双重纳税问题，税收负担较重；要定期报告公司财务状况，公开财务数据；政府限制较多，法规的要求比较严格

第二，企业组织结构。企业的组织结构主要分为四种：职能制、直线制、事业部制和直线 - 职能制。其中，直线制是企业最早出现的，也是复杂程度最低的组织结构。采用该组织结构的企业的各级组织之间是直接领导的关系，即下级只有一个直接的上级。它一般适合规模较小、生产技术复杂程度比较低的企业。

选择职能制的企业，其相关管理责任与职权并不是由主管直接负责而是分配给设立的相应职能机构。这些职能机构在职责范围内有权力指挥自己的下属行政单位。

而直线 - 职能制是由直线制与职能制相互补充而形成的。直线制领导以及相关人员可以在职权范围内决定以及指挥下级行为，并且对自己部门的行为负有全责。对于职能机构以及其中的人员，他们只是为领导进行直线指挥时提供参考意见并对业务进行指导，但并未拥有直接向下级部门下达命令的权力。

事业部制是公司在管理上采取高度集权的分权机制。它一般适合规模比较庞大、产品种类复杂、技术复杂程度较高的企业。在国外，大型联合公司采用这种机制比较多。近年来，我国也在尝试向企业引进该类组织结构。

三、创新管理与创业管理

（一）创新管理的认知

创新是经济发展的基本条件，其既受到创新者自身素质、社会关系以及区文化特征关系等内生因素的影响，同时又受到区域地理位置、自然资源、市场供求状况等外生因素的影响。创新管理是一个系统的组合，创业的成功并不仅仅取决于某一因素，只有通过系统地管理风险与回报，才能将机会、环境、资源与创新团队合理搭配，最终实现企业的潜在价值。在创新管理中，一般企业的传统管理思想和管理方式不能适应创业过程中的各个阶段。因此，对创业过程中的各种管理方式需要进行变革和创新，进而建立一套符合我国国情的创新管理机制。

20 世纪 80 年代以来，理论界致力于创新研究，并就创新管理给出了多种概念和解释。总体上，创新管理是不同于一般管理的一种新的管理方式：创新管理不仅是创新主体所具有的，也是一般人应该具备的一种思维方式；创新管理是一种以把握机会为主导的、创建新事业以及管理新事业的行为过程；创新管理与一般管理有内在的关联，很难割裂开来。因此，创新管理是一个促使人们像企业家那样思考和行动的管理系统，是一种把握机会并创造新价值的行为过程。创新管理并不局限于某一类型的企业，它适用于一切组织，包括营利组织和非营利组织，旧的、新的企业与大的、小的企业。创新管理在不同时期有不同的含义，这种变化从一定程度上反映了管理思想，尤其是企业战略管理思想的演变过程。

1. 创新管理的含义

在企业处于创新阶段时，创新管理是其采取的主要方式。创业的起点是“创新”，为了实现企业的可持续稳定发展，管理工具的应用是必要的，也是创新型企业采取管理手段的最终目的。因为一所企业的成功经营依赖于稳定的管理手段。

认识创新管理应该立足于“管理”的概念。“创新”是“管理”的对象。对管理职能的认识源自法约尔的“计划、组织、指挥、协调、控制”五大职能观点。按照管理的相应职能划分，创新管理可分为创新计划、创新组织、创新领导和创新控制。要把创新管理定位于企业设立前后的管理，也就是企业开业之前的各项准备工作和起步之后早期所涉及的管理，包括识别与利用机会、组织资源、制订计划、创建新组织等。

从创新定义出发理解创新管理，它是指将“创新”作为管理的中心，借助创新平台创造具有协调性的创新机制，并最终将个人价值发挥出来和为社会创造福利的过程。创新管理作为现代新型的组织建制及组织生态，它所体现的是一种文化氛围，具备“不确定性”的特征。

应从以下几个方面理解创新管理概念：首先，创新管理的创新是该管理模式下的中心，而不是对创新实施管理。其次，组建协调创新的平台和机制。再次，创新管理旨在形成一种创新支持体系，以此与创新发生协同效应。该协同不仅表现在组成支持系统的各元素的相互协调，而且各个要素也要随之自主变化调整，时刻保持对创新的支持。创新的目标不仅是个人价值的发挥，还有为社会创造福利。这样不仅能促进社会经济发展，还会促进社会上公平与公正氛围的形成。最后，创新的完成必须有“协同”的参与，这是企业新型组织的要求。在人类社会不断发展与进步的过程中，“创新”也是时代的必然选择结果，是繁荣进步的必要前提。人类历史的发展历程就是一步一步地创新与发现的过程。

综上所述，创新管理是一种以机会为驱动、以创新为导向的管理活动和方式，不仅新建企业需要创新管理，现有企业也需要创新管理。有所不同的是，新企业的创新管理需要从机会导向向行为导向转变，即从机会管理、任务管理向对人的管理转变，开始追求效率和制度化、规范化；而现有企业的创新管理强调的创新，是机会管理和行为管理的结合，旨在发掘新的机会，进一步提高效率。

2. 全面创新管理

（1）全面创新管理的提出。随着企业创新管理研究的深入，人们必须从更广阔的视角来认识企业创新问题。创新管理的内在特性表现为跨学科性和多功能性。技术、市场和组织变革之间存在着互动关系，要实现创新过程的有效管理，必须应用整合方式来展开创新活动。企业创新管理的重点是企业创新系统内部信息和知识的联结更加具有效率，关键要素包括企业家精神、科学的研究和发展体系、完善的教育与技术培训、充沛的创新资金和完备的企业体制。

最初企业的创新管理只注意到对“技术”的创新与管理，即对技术创新的基础、决策、活动过程、要素以及相关技术创新组织层面的管理。后来，随着企业的发展，企业家和管理者意识到，即使在现有企业或成熟企业里，由于竞争、产业演变，以及市场需求和环境的变化，企业仍需要不断地寻求新的增长机会，开发新的业务，只有兼具创新与创业精神的企业才具有活力和竞争力，这就需要企业调整战略思想和管理方式。因此，从理论上讲，创新管理不仅仅是新企业的事情，现有成熟企业也需要进行创新管理。

综上所述，全面创新管理应运而生。可以认为，在当前网络环境下若想快速满足顾客个性化需求，企业必须考虑到全要素、全员、全时空的创新，通过技术与非技术的协同创新，创造有效的创新方法和机制，激发员工的创新热情。只有在全面创新管理过程中有效整合企业内外部乃至全球资源，才能够更有效地为顾客创造新的价值，这是全面创新管理的目的。

（2）全面创新管理的方式。全面创新管理模式中采用最多、作用效果最明显的方法是“集成”。它是指将两个及以上的要素结合为一个有机整体的行为及过程。这些要素的集成是按相关集成手段以及模式进行的有机结合，并不是简单的要素组合。这种有机结合的最终目的是集成体整体功能的优化及提高和集成体目标的大量出现。

全面创新管理主要包括技术要素（产品和工艺）的创新及其协同机制、非技术要素（战略、组织、市场、文化和制度等）的创新及其协同机制，以及技术与非技术的协同创新机制。技术创新模式下，产品创新的重点在于重新配置、整合和优化创新过程的内部机制。例如，并行工程、多功能小组、先进工具和早期参与都可以使创新的产品符合未来发展的趋势。非技术创新模式下的工艺创新是指研究和采用新的或已有改进的生产方法，主要包括对生产装备的更新和对生产过程的重组。创新过程中需要对营销、设计和制造等企业经营职能进行集成，综合运用科学的管理手段以达到创新的最佳目标。集成包括技术集成、信息集成和管理集成。

（3）全面创新管理的方法。企业创新需要以一种挑剔的眼光审视企业的各方面和各层面工作，打破平衡，以推动事物的前进和发展，包括重新思考、重新组合、重新定序、重新定位、重新定量、重新指派和重新装备，简称“7R方法”。

第一，重新思考。重新思考关注的是隐藏于企业工作背后的理论基础和假设，也即“为什么”的问题，这样深层次的思考有利于解决企业的最根本问题。如果只关注事情的表面现象，对做法背后的基本假设视而不见，改变的往往是表面问题，这也是企业创新可能遇到的最大障碍。

第二，重新组合。重新组合涉及工作中的相应活动，目标是要从与“什么”相关联中寻找新的答案。重新组合是对创新核心的重组，例如，如何在源头实施质量管理，如何消除手工劳动与不具有附加价值的工作，并强化其他行业的最佳作业方式。

第三，重新定序。重新定序关心的是工作运行的时机和顺序，涉及的问题包括：如何预测未来的需求，以提高效率；如何同时处理多项活动，以减少所花的时间；如何把相互牵制与依赖的次数减到最少。

第四，重新定位。重新定位注重的是活动的位置，以及进行这些活动的实体基础结构在什么地方，即“哪里”等问题。例如，如何以模块化的方法提高弹性；活动是否可以搬到更接近顾客或供应商的地方，以改善工作的整体效率；活动是否可以搬到更接近相关活动的地方，以改善沟通的效率；缩短交通往返的时间和距离是否可以减少循环周期；如何构建虚拟组织，以减少对集中化实物资产的依赖；供应商如何帮助顾客储存货物。

第五，重新定量。重新定量涉及从事特定活动的频率，提出的问题包括：如何更有效地运用重要资源，是否有办法靠减少信息与控制来简化运营并提高效率，是否有办法靠增加信息来提高效率。

第六，重新指派。重新指派涉及执行工作和完成任务的人，即与“谁”相关的新的答案。如现行的活动和决策是否可以移入不同的组织；工作是否可以外包；活动是否可以调整为由顾客来执行，目前由顾客执行的活动是否可以改由组织来执行，或是否可以由供应商或合作伙伴来执行；企业结盟是否有助于形成规模经济；如何靠供应链的合伙关系降低成本。

第七，重新装备。重新装备涉及的问题包括地点、距离和实体基础设施，整体目标是要尽量拉近距离，并尽量加强人员在工作中的联系。经常提出的问题包括：科技是如何让工作转型的；如何运用资产或专长，以建立竞争优势；如何利用操作人员的高级技能、低级技能或多重技能来改善工作。

（二）创业管理和创新管理的区别

创业管理具有假设前提，即环境是动态变化与不确定的、环境的各个组成元素具备复杂性和遗志特性。创业管理的实现需要将发现与识别各种创业机会作为开始，其主要特点是讲求创新、超前的认知和行动，勇于冒险和承担各类未知风险。创业管理主要聚焦的对象是“新型事业的创建”，并将不同级别的创业指导作为主要研究内容。其选择的工具是经济、管理、心理以及社会学等理论，主要探讨方向是创业内容存在的内在规律和具备科学性特征的系统体系。

创新管理是通过对包括人、物、资本、知识和信息等在内的创新资源实施计划、组织、领导和控制等来提高组织生产效率与组织效率，以取得新的创新成果为目的，运用经济学、心理学和数学等多种学科的研究方法来研究组织运行规律的综合性学科。传统的创新管理方式聚焦于商品，是技术导向型的，研发、设计、工程、大批量制造、市场规模化操作、自动化和专业化都是重要因素。

由此可见，两者之间存在一定的差异，具体表现为以下方面。

（1）它们的管理理论以及工具参考的前提存在差异。创新管理的相关理论将创新活动本身以及研发本身作为管理研究的主要对象；与之不同，创业管理的相关理论的主要研究对象则是处于不同层次的新建成的企业或者是新开展的创业类活动。

（2）创新管理注重的是结果；而创业管理则更强调管理过程的效率以及效益，即通过对机会的识别与发现快速获得管理上的成功。

（3）两者所采用的管理方式不同。创新管理讲求的是“管理”思维，即从“管理”定义本身出发，强调通过“计划、组织、领导及控制”的方式来研发或者生产出新产品或工艺。相比创新管理，创业管理是以还处于成长阶段的组织体制为前提，更倾向于借助“团队”“创新”以及“冒险”来发展新型事业。创新创业是在创新基础上的创业活动，既不同于单纯的创新，也不同于单纯的创业。创新创业管理的所涵盖的范围更大，包括了传统意义上的创新管理工作和创业工作。究其内涵，创新创业管理以创业为最终形式，以创新为手段，以创新与创业职能为工具，以研究创新创业领域的行为、规范、知识体系为主要内容，最终以创新创业主体实现创新创业为目的。

（三）新创企业管理和成熟企业管理的区别

在我国，创新是民族进步的灵魂，也是国家发展的不竭动力。因此，一家企业想要繁荣与发展必须依靠创新，这样才可以在竞争对手中脱颖而出并实现可持续发展。但是，企业的创新一定要是全方位、多视角的创新，要同时结合多种创新元素。从企业创新系统的宏观层面来看，企业的创新体系主要是由制度创新、技术创新、市场创新以及管理创新等有机组成。但是，管理创新只是进行企业创新的前提。

（1）从企业生命周期的视角来看，企业作为有机的生命体，在不同的发展阶段，具有不同的特征，会遇到不同的问题，必须采用相应的管理模式和解决方案。创业管理对成熟企业来说，核心是创新；而对新创企业来说，核心是管理。现有的企业经过长时间的努力已经形成既定的管理模式与组织体系，由于组织惰性和路径依赖，成熟企业侧重于学习如何创新；新创企业则正处于由个人管理向组织理性转变的过程中，因而需要通过创业管理建立共同遵循的组织原则和制度，培育各司其职、分工协作的团队。总体而言，这种生命周期特性体现在创业管理中，成熟企业里原有的体制与成功是推行创业的主要障碍，而新创企业的主要障碍在于缺乏团队约束。

（2）新创企业和成熟企业在追求创新的过程中采取不同的创业模式。在有效的营销管理和现金流管理的基础上，新创企业构建具有共同价值的高层管理团队，这是打造创业型组织的要点，以免创业活动仅仅停留在商业活动。成熟企业创业成功的关键在于处理好新业务与旧业务、新组织与旧组织的关系。既要构造有利于孕育创业活动、培养创业精神的组织，又要使具有不同成长规律的新组织在原有组织中得以发展。除此以外，企业更需要重视的是各种创业管理模式对创业的行为和投资与创业者之间关系的影响。经历过市场竞争而幸存下来的企业一般为成熟型企业，它们已经具备具有组织特性的制度与管理模式，这为企业的发展提供条件的同时，也带来了一定的风险。

（3）新创企业和成熟企业的管理具有不同的结构特征。新创企业的结构特征主要有两个：一是集权决策，在一个小组织内，通常是总经理做出有关公司经营的大多数决策。当经营规模足够小和简单时，一个人就能了解与决策制定相关的全部信息。二是非正式管理，创业型公司没有正式的程序、系统和结构。

成熟企业的管理是一种专业管理（一般管理），专业管理也具有两个主要特征：一是决策责任的分配。大公司规模复杂，个人不能做出公司全部的管理决策，因此总经理必须授权给下一级管理人员，这种授权方式既决定了公司的结构，又同时被公司的结构所决定。二是正式控制体制的使用。相对于决策责任的分配，公司采用了正式的体制。

因此，不论是对新创企业还是对成熟企业，创新创业管理都具有战略意义。创新是创业的前提，创业是对创新的实践。新创企业的创新创业管理不仅是价值的实践过程，也能体现出企业未来的发展潜力。而对于成熟企业，创新创业管理是提供价值的过程，创新是核心工作，是成熟企业发展、升级的动力。

第二节　高校创新创业教育理论分析

一、创新教育分析

在各种文献中对于“创新教育”一词的界定已颇多，但是大体上可分为两类：一类是培养创新素质的教育活动，以对创新能力、创新思维和创新意识以及创新人才的培养为目标；另一类则是新时代下的对于传统教育而言的一种新型教育。

而国际上则是将创新教育简单地分为两大类：第一类是从狭义角度出发，认为创新教育是一种以培养创新人才为终极目标的教育活动。所谓创新人才就是指那些拥有冒险精神抑或创新精神、创新能力、创新思维的符合时代潮流的新型人才。第二类则是从广义角度出发，强调创新教育不同于以往的传统教育形式，它比较注重个人创新能力和创新素质的提高。总而言之，它是一种增强创业能力以及丰富创新能力的新型教育形式，它所反映的是如今社会发展的新需求。此新型教育形式包含两个方面：一方面是对整体经济环境的了解和分析能力，另一方面是其他方面的相关能力。比如基本的学习知识能力及其相关方面的利用，或者是商机预测能力及创新活动能力，甚至是风险管控以及合作能力。

在实践过程中，创新教育需要多方面考虑，而不是只沿用历史教育发展过程中既定的内容。另外还需要懂得创新教育发展到如今的相关规定，以及创新教育的变革和将来的发展路程。

通过以上内容可以知道，宏观上的创新教育其实是让人学会创新，运用所创新的东西。以人为本的创新才能更好地拓展思维、提升能力，这些方面的提高才能真正提高教育水平，这样的教育才可以被称为真正意义上的创新教育。各大高校是我国培育人才的基地，尤其是创新型人才。创新教育在让学生拥有更多探寻精神的同时，对其相关知识的实践能力也有很大的帮助。学校的创新教育不单是让学生知道先人的思想，而是包含着非常多的方面，比如让学生学会自主学习、不断改变自己的思维模式、喜欢思考等。一方面，真正的创新能力其实是一种综合技能，它主要是需要人们在创新过程中学会观察，同时懂得分析和应用，它所注重的是个人整体实践能力以及自身的提高与创新；另一方面，创新能力也不是一个人获得认识和实践便可以，它主要是一个人的自主创新能力和社会经济环境的相辅相成与相互促进。

创新教育是随着时代的变化而发展的，它是新时期的要求。高等教育也能在此情况下发展得更好，顺应历史潮流的发展是对原有教育模式进行变革。其中培养创新能力与创新精神是各大高校提倡的创新教育的中心。创新教育是给学生创造出一个可以提高学生兴趣、激发学生潜能与创造力的环境。高校可以通过制定更加完美与健全的教育体系和实践基地去发掘学生的各项潜力，挖掘出学生的创造力，让学生养成自主学习的习惯，同时学会学以致用。这个环境是当代各大高校对教育体系的改革和教育教学内容的改变。它是对教育价值体系的再探索，也是我国高等教育创新的指路明灯。

二、创业教育分析

创业教育是一种新型的教育思想，它是在 20 世纪由西方国家所提出的，发展到今天，创业教育已经逐步走过了 30 多年。在这么多年的不断积累下，它已经有了很大的成绩。但是还有很多人认为创业教育所指向的是创业方面的指导，对于受指导的人而言它是创业方面的理论基础，也是整体实践与应用能力方面的提升。这些认为其实只是从其字面意思进行理解的。对于创业教育的定义，目前还不能确定或者定义出来，因为现在学术行业的人对于其定义都不统一。

曾经也有一次比较权威的界定，是在 1989 年由联合国教科文组织在北京召开的“面向 21 世纪教育”的国际研讨会上提出的，这也是首次对于创业教育的内涵进行界定。它指的是创业教育是第三种教育模式，是在学业学习教育以及职业规划教育后的第三种教育，是人类的“第三本护照”，也是随着经济及教育科学的发展，为获得更优质生活所必须要接受的教育。但也有人认为，它教给学生的只是表面的知识与以后如何简单地去成立企业，创业方面的技能以及基本素质等更深的意义基本涉及不到。还有一类人认为创业教育需要的是不断开发学生的创新能力与创新精神，只有培养起这些东西，其基本的素质才会有质的改变，这是在新时代经济环境下必须具备的东西。当然这种理论也是与如今的知识教育环境相对应的一种新型教育观念。

从以上各观点可以看出，创业教育存在广义以及狭义两个方面的概念。从广泛意义上而言，创业教育强调在当前环境之下造就更多创业人员，在此基础上培养出来的创业人员属于实际实践过的人员，他们比普通创业者存在更多的优势，比如创新与创造能力更佳、拥有非常自主的创新精神和很强的探险意识；从狭义看，创业教育所致力的是学生的基础教养与素质，比如创新思想与创新思维能力等，以这些基础素质为核心，使学生在离开校门走向社会以后可以有更好的机会去创业，同时有更好的创业基础，能够更快更好地做出成绩。它是从单纯地帮助学生找工作转变成为更多人创作工作岗位的教育，是一种整体而又综合的教育。因此，从大方面来观察会发现创新教育有非常多的优势：一方面可以直接拔高高校学生的整体创业素质与创新精神和各方面组织能力；另一方面创业教育也是如今解决大学生就业难的一个途径，很大程度上能缓解社会就业方面的压力。这一意义对于当代各大高校大学生而言非常重要，对于解决就业难问题也是同样重要。

虽然创业教育是随着当代经济发展所衍生出来的东西，但是它是中国高等教育改变其固有模式的必然趋势，最主要的是它与当代信息时代步伐相一致。它提倡的不是简单地去创立一个企业就可以，也不是可以挣钱就是成功，创业教育使这些简单的思想已经逐渐演化成一种新的思想，提供的是人们生活与工作中所必需的一种思想。

三、创新创业教育分析

（一）创新创业教育内涵

“创新创业教育”是一个全新的概念，它是由中国的创新思想与实践经验同外国所提倡的创业教育相统一而形成的。学术理论界对此有很多理解，很多专家对于创新创业教育的理念与想法各有不同，即使发展到今天他们的理念仍没有达成统一。1991年在东京召开的创新教育会议提出，创新创业教育指的是培育一部分兼有探索思想以及冒险思维，同时具备相应的创造能力和公司管理能力的人的活动。当然还有一部分专家不认同此定义，他们认为创新创业教育在高等学校中出现，它的目的是培育学生的创新能力与创业过程中的基本素质，只有基本素质提高才可以让学生各方面都发展，它才可以被称为是全新的教育形式。

从以上方面可以看出，高校的创新创业教育必须要推陈出新。它是一种新的教育模式，一种各方面教育教学理念相结合的教育，需要针对全部的高校学生，同时符合当代经济发展的要求。它主要的目的不仅是培养高校学生的探索精神和创业能力，更是在提高高校学生创新思维的同时培养其自主意识。创新创业教育不同于传统意义上的教育，它让高校的教育教学和创业之间关系更加密切，从而提高高校学生的整体思维能力与创业素养，它与当代信息发展与经济环境相辅相成。还有非常重要的一点是，创新创业教育逐渐从单纯的教授知识转变成重视素质与创造力的培育，这为高校学生走向社会、走上创业之路打下了非常牢固的根基。

（二）创新创业教育的特性

创新创业教育提倡自主意识，而不是去等着让别人挑选，它所要求的是大学生们的自主创造力，同时也需要有相应的探索以及创新能力。只有这样，大学生才能在走出校园后去发现自己，自主地探索与创业。其实简单而言，它是让被动变为主动，通过简单的角色转换开发出新的思想。创新创业教育是基于传统教育方式演变而来的，它有很多特别的地方。

（1）传统的教育模式目的性相对不强，但是创新创业教育是以学校学生为对象，并且目的明确。创新创业教育不仅可以给高校学生提供更多的创业机会与创业建议，还可以让学生去相关企业实习，了解更多的管理思想。相对应的方式有创业进程设计、定期定点实践以及开展管理经营教学等。

（2）创新创业教育的核心是实践，通过各项实地实践可以最大限度地去激发高校学生的创业思维，比如设立一些和创业有关的活动或者竞赛等，还可以设立相关创新理念或创业能力方面的奖金等。成立相关的创业中心、创业协会、学校创业社团基地等也是非常可行的。这些可以使高校学生切身了解到创新创业教育的模式。

（3）创新创业教育需要有相应的依托。高校自行建立的创新创业基地可以很好地实现这一目的，能够给本校学生提供更多的创业课程以及管理理论知识。比如建立研究中心或者创新创业基地，都可以为学生提供一个很好的平台。

（三）创新教育与创业教育的关系

创新教育属于一种新式的教育模式，主要作用是培养高校学生的创新能力、创新意识以及精神，让学生各方面协同发展是其主要目的。创业教育具体而言是一种教育活动，主要是让高校学生有自主意识地进行创业，从而增加学生的创业能力，强调创业人员以及创业知识。虽然创新教育在一定程度上和创业教育存在重合点，但是它们之间并不可以相互代替，同时也不可以等同。

1. 创新教育与创业教育内容相通、目标一致且功能相同

创业教育和创新教育两者相辅相成、相互交融。创业是创新的基本。从广泛意义上：创业过程中的实践成果是说明创新或者创业是否成功的一个标杆；反而言之，创新最后所呈现出的形态便是创业。创业是否能成功，关键在于是否有一个好的措施来实施。创新教育是一种新式教育，它所提倡的是增强高校学生的探索创新能力，这也是其终极目标，使各方面共同发展是其主要目的。但是创业教育有所不同，它所强调的是高校学生要有创业思维与意识，从而增强创业能力，提倡对基础知识的普及。创业教育和创新教育两者之间有互相推动的作用，也有相互克制的地方。

创新教育如今不单是对以前教育方式的改变，而是再次对于教育所属的功能意义进行定位，它是一个全方位以及根源性的教育变革。当代新经济形式的发展对高等教育提出了新的要求，各大高校需要培育更有探索精神及创业思维的人才，提高他们的创业素质。因为在新时代经济迅猛发展的时候，只有具备这些高素质的人才方可跟上当代社会经济发展的步伐。

2. 创业教育是创新教育的深入与强化

创业其实也是一种新形式的创新，创新必然会在创业之中有所体现。总而言之，创新是创业的根基。社会经济主体在进行创业的时候需要有稳固的基础，这个基础是在创业的时候勇于冒险、勇于突破，具有创新与冒险思维，更为重要的一点是有绝佳的管理能力。因此想要成为创业者，必须具有各方面的能力，具备了这些能力才能做好管理方面的工作以及扮演好此角色。这也是创新教育必须不断深入，从而逐渐演化成为具体的创业教育的原因，因此创业教育在各大高校中需要深入普及。

综上所述，对于创业教育而言，它与创新教育在相辅相成、相互克制的同时，也是相互融合又相互统一的。各大高校对学生实施创业教育，一定意义上是让学生可以更好地完成创新教育。

四、创新创业教育的理论支持

（一）创造力理论

人类有一种能力叫创造力。这不仅是一个可以让人去更新思想和创造新物的能力，也是人心理路程变化的过程，并随着这些变化逐步完善各种创造内容。其中有发现新方式以及新的科技或者新物品等，这些发现都是创造力的体现。创造力对比其他方面的能力有一个明显的特点，即独特性以及新颖性。它的主要组成因素有很多，是不定向也不局限地根据已知条件去创造。当然，除了上面所述，创造力还存在很多的判断标准，比如对社会发展是否有用、对个人或人类是否有帮助等。个体的创造力其实是一种外部行为，这种外部行为具有发散思维，在学术界有其特定的定义。他们觉得创造力是一种综合而整体的本事，它是由个体智力和相关素质等决定的，是创造性思想下产生的东西。创造力的主要构成有以下几个方面。

1. 知识

知识是创造力产生的基本，无论是何种创造力，它所依托的都是不断增长的知识，没有知识创造力便不能实现。知识是由三部分组成的，包括对知识的记忆、了解以及对知识的吸收。

2. 智力

创造性思想的重心是智商。通常提到的智力是人类或者动物等普遍具有的精神才智。它是一种处理问题的能力，这种能力的运用通常需要人们深入地认识以及了解事物的本质，从而根据大脑中预存的知识以及阅历去处理问题。它主要涉及的是如何去理解问题，根据问题去判断以及处理相关问题，同时智力还可以提高一个人的思考能力以及学习表述能力。

3. 品质

品质包含着毅力、恒心以及涵养等内容。品质是个人在一定环境之下通过各种社会活动以及实践进程等来体现创造的，它也是个体在涵养以及毅力等各个方面的一种综合素质。创造想要成功的关键所在即是有没有一个优良的个体品质，拥有优良的个体涵养和素质以及毅力拓展等方面的能力，才可以发挥出个体的主观能动性。

从以上可以看出，创造力主要由三部分构成，即个人智力智商因素、知识层次以及个人涵养和素质。这三个有机组成直接关系到个体创造力的高低。目前很多高校的课程主要侧重的是根据创造力而逐渐延伸出其他方面，从而让更多学生对于创业教育有了更加深刻的认识，这也是创业教育改革的一个基础。

（二）三螺旋理论

国内外学者均针对政府、学校、企业三者的联系进行过“建模分析”。在20世纪90年代后期，这些学者们曾针对新型创造性这一问题进行过深入研究。三螺旋理论是由外国的四位学者在20世纪40年代提出来的，他们分别是英国的劳伊特和雷德斯多夫以及美国的亨利和埃兹科维茨。这个理论主要是针对的是政府、高校以及企业三者之间的相互沟通和协作问题。通过三螺旋理论可以很轻易地看出三者之间的联系与沟通是逐渐紧密的，而且三者之间也是相辅相成、一同进步的关系，这种关系对于如今的社会发展有很大的积极作用。

首先，对于企业和政府，高校对它们也有很大的影响。一方面各大高校想要更好地去筹划本学校的教育教学规划，就需要从政府发展以及企业管理和经济发展角度来确定教学方向，只有切合整体发展的教育才能让整个社会不断前进；另一方面学校的科研成就可以通过多元化在各方向同时得利。通过这样的模式可以保证三者共同发展、相互促进。

其次，企业对于高校以及社会也有很大作用。一般情况下高校的各种创造发明、研究发现都能让企业发展得更加快速，这也是为什么企业想要更好发展必须要有高校支撑的原因。一方面企业想要达到利润的增长以及最大化，就需要各大高校的各种科技成果以及研究来让市场更加活跃，比如好的经营管理以及更加优良的营销人员和营销能力等；另一方面优良的企业发展既需要高校以及政府发展等的有力支撑，又反过来能为高校以及政府带来更多的各方面资源，从而让高校科研不出现断层情况。这三者之间相互交融、相互推动，为国家的发展起到非常大的推动作用。

最后，在我国，政府的角色侧重于宏观调控，行政机关通过调节等来协助各大高校和企业发展齐头并进。同时如果两者有什么经济和社会困难以及两者之间存在问题，政府机关也可以进行解决。当然如果高校和企业之间存在问题或者联系不紧密以及互动存在停滞与倒退等情况，政府也有责任。

根据以上情况来看，政府、企业以及高校三者之间是相辅相成的关系，简而言之三者之间是珠联璧合的关系。各大高校以提高学生创造力为基础，开创各种创新创业方面的教学；企业则是给学生更多自主创业的辅助设备或者辅助资金等；政府起到的是中介作用，维持着企业与各大高校间的整体平衡。政府根据社会经济的发展更新各种政策性信息，让企业和各大高校更加和谐发展。政府、企业和高校发挥各自所长，相互沟通与合作，逐渐演变成为新兴螺旋体。

（三）创新理论

创新不存在局限性，它是个体在已有知识资源的基础上逐渐发展，从而发现新事物的一个进程。在 20 世纪初的时候，著名的经济学家熊彼特已经提出一套创新理论，这套创新理论所侧重的创新角度在于经济学方面。他所指出的创新更趋向于经济理论以及管理理论，属于内在理论。创新是社会经济不断变革的基础，是对新事物以及各个新路程的一种具体化，即将新事物的各个因素以及必要前提等运用在企业生产管理体制，根据这些东西去建立全新的生产函数。很多人认为全新的生产函数是指科技发明，其实不然，它更多的则是运用已有科技技术与企业管理等演化成为新的生产能力，这个生产能力主要以营利为主。它直接更改了原有的生产技术，从而让生产力等方面变得更加优良，继而达到利润的最高点，这也是一个企业最终的宗旨——利润最大化。

（四）“创新人”假设理论

20 世纪 90 年代，出现了一种关于人性假设的全新理论——“创新人”假设。这种假设是德鲁克提出来的，他认为一个现代管理者成为领导者的关键在于创新，要通过提高成员的创新能力来提高企业的整体创新水平。“创新人”假设的主要内容包括以下两方面：

一方面，“创新人”假设具象马斯洛需求层次理论的最高需求层次，认为最高需求层次的自我实现是指自我创新、自我突破。换而言之，人的需求不断从低层次向高层次上升，最终要实现自我创新、自我突破。

另一方面，对于个人而言，人们需要通过不断创新来适应知识经济时代的到来。新时代社会的快速发展，要求人们通过自我激励、自我控制这一根本途径，持续地提高自我的创新能力，在事业上做出更好的成绩。对于企业而言，一个企业可持续发展的关键是成员在企业中能够更好地实现自我创新，这也要求企业创造积极、平等、自由、民主的工作环境。对于管理者而言，在个人创新目标与企业目标保持一致的情况下，应当积极采取多种方法激励员工实现自我创新和自我价值，在实现个人目标的同时实现企业目标，达到双赢的局面。对于高校而言，“创新人”假设为创新创业人才的培养提供了强大的动力，因为它强调追求创新和变革是个体的内在需求。

（五）协同创新理论

创新最早是从经济学的角度来定义的，熊彼特是它的定义者。他认为“创新”不是技术范畴，而是经济范畴，因为“创新”不单是指科学技术上的发明，而是将新产品或新过程商品化。这是指将已经存在的科技以营利为目的，组合生产要素与条件用于生产体系，建立新的生产函数，应用到企业中的生产能力。这种生产能力不仅能提高功能或者效率，更能够获得经济利益和社会价值，还能够促进科学技术和生产资料的改革创新，同时对生产、经济、社会、科技都起到推动作用，这就是“协同创新”。

具体而言，协同创新是以知识增值为核心，分享技术、知识、能力等的一种创新机制，是政府、企业和高校等主体为了最大限度取得科技成果而开展的大跨度整合的创新组织模式。协同创新能够发挥各自优势，整合信息、资本、人才、技术资源，打破主体间的隔阂，实现优势互补。在协同创新机制下，每个相对独立的主体的奋斗目标相同，通过现代化信息技术搭建平台，相互沟通，实现资源共享。

我国高校创新创业教育的顺利开展依赖于协同创新机制提供的最基础的理论指导。协同创新对我国高等学校开展创新创业教育具有现实意义。新时期，科学技术和社会经济间的联系、学科间的联系都日益紧密，“交叉学科”逐渐成为科学技术的创新和发展的新增长点。先进的科研仪器、优秀的科研队伍是比较重大的科学技术创新或是工程创新的必备品，同样的，在当今这个知识信息时代，基于复合学科的“联合创作”离不开协同创新。通过开展协同创新，我国能够更全面地把握当今全球范围内科学技术创新的新趋势，从而更有效地、更充分地发挥每个创新要素的综合效应，优化配置创新资源。

从整体上来讲，协同创新的创新组织模式比较复杂。恰当的机制、合理的制度安排是构建协同创新组织模式的关键点。良性互动的创新模式需要多元主体参与协同创新。协同创新组织模式的核心要素是高校、企业组织、研究机构，补助要素是实践平台或者非营利性组织，如政府、金融机构、中介组织等。这些知识创造主体和技术创新主体整合资源，开展彼此纵向合作，形成了一种系统叠加的非线性效用。

协同创新的发展离不开以下两个方面：一是科学技术的快速发展，这样才能不断提出创新办法和思路；二是一个分工明确、权责明确的实践平台的建立，从而推动科技不断创新以及综合竞争力不断增强。通过创新实践，不断取得新的科研成绩，如新技术、新知识以及新工艺等。协同创新理论有两方面特性：一是整体性。整体性指的是通过对创新资源的优化配置，充分发挥每个创新要素的综合效应，不再局限于各要素的简单相加，而是通过整合达到各要素之间的紧密结合，做到“1+1 ＞ 2”的效果。统一的整体性还体现在协同创新存在的方式、目标以及其功能上。二是动态性。从整体上来讲，协同创新是一项比较复杂的创新组织模式，要求多元主体参与协同创新，并且良性互动。在这个模式下，作为知识创造主体的高校和科研机构等与作为技术创新主体的企业会有一个动态的、不断变化的深入合作及资源整合的过程。这体现了协同创新的动态性。

（六）个性化教育理论

当今社会崇尚尊重个性，也注重发展个性。在当前知识经济时代背景下，顺应时代的发展，个性化教育成了一种潮流，是世界教育改革的主要趋势，引发了教育改革在全世界的思潮。大部分国家把个性化教育作为国家教育进入现代化的重要标志，它指导着教育领域的改革。个性化教育理论的主要内容是强调教育主体的多元化、个性化，是指每个人都会因为遗传特征、生活环境、教育环境等在生理或心理因素上存在差异。

承认受教者存在差异是个性化教育最大的特点，这种差异存在各个方面，集中体现在心理、生理以及社会背景等方面。个性化教育理论以此为基础，根据个体差异，为受教人制订适合自身发展的方案。该方案符合个体特点，更有针对性，使个体能够更好更快地适应这种教育模式，达到个体全面发展的目标。

个性化教育理论的前提是承认个体因智力等生理方面和成长环境等心理方面存在

差异，既要做到有教无类，也要能做到因材施教。比如我国的高等院校应充分发挥每个个体的个性，使其得到全面发展。因此，在进行创业教育实践的过程中也要重视这种差异。

个性化教育理论认为，高校只有突破僵化的、传统的教育模式，重视学生个性的差异，结合现实情况，针对学生的个性而设计有效的发展方案（教育的目标、内容、模式等），才能有针对性地充分发挥学生的个性，从而实现学生的发展。最大限度地发挥学生乃至高校的自身资源优势，才能更好地适应信息经济时代的要求。

（七）人的全面发展理论

人的全面发展依托于智力劳动与体力劳动的结合。人的全面发展理论主要涵盖以下内容：

一是人自身全面发展的基础是个体的体力、智力得到充分的发展。换而言之，人的体力、智力得到充分发展是人的全面发展的必要前提。

二是关于人的全面发展理论，马克思认为一个人只有充分地发挥自身全部的能力和资源，才能成为自由发展的人，达到个体个性和人类特性及社会性的协调。现今社会，培养创新型人才仍以马克思的人的全面发展理论为重要指导思想。在我国现阶段兴起的教育领域改革中，仍十分重视人的全面发展。

我国教育界通过对马克思的人的全面发展理论进行研究，普遍认为人的全面发展分为两个层次的内容：其一是指一个人的德、智、体、美、劳五方面做到均衡发展，从而能够达到脑力劳动和体力劳动的完美结合，即是全面发展；其二是指最大限度地发展每个个体各方面的能力和才华。然而，我国传统的教育模式已经不适应当代社会的发展，当代社会需要更多的创新性复合型人才，需要全面发展的多面人才。传统的教育模式的教学方法过于落后，不考虑学生的自我判断力和自我思考能力，忽视学生的思想情感，只是一味地通过“填鸭式”教学方法，机械地、单方面地向学生输送知识。这种教育模式压缩了学生自我发展的空间，不利于学生自我发展能力的提升，无法挖掘学生的自我潜力，更限制其创新能力的提高，从各个方面都不利于学生的全面发展，更不适应社会的发展。

与认为每个个体都是不一样的、总会存在差异的个性化教育理论相比，全面发展教育更注重学生的整体素质的发展，在学生掌握扎实的理论基础的前提下，开展各种各样的活动，让学生在活动中实践自己的知识，做到学以致用，努力把自己打造成多功能人才和复合型人才，更快更好地适应现代社会的发展。通过构造这种良好的学习、发展环境，能够使学生最大限度地全面发展、充分发展。全面发展的教育模式能够符合学生身心发展的自然规律，培养出“会生存、善学习、勇创新”的复合型人才，以及知识经济时代需要的全能型人才。

实际上个性化教育和全面发展教育这两种教育理论是相互联系、互为补充的关系，有相同之处，又各有各的特点和独特之处。这两种理论是共性与个性的关系，互相渗透或结合。例如，个性化教育理论强调个体个性的发展，这也是全面发展教育理论的一个方面，是全面发展更精细化、更高层次的一种表现；而全面发展教育理论注重整体的全方位发展也是以个体全面发展为基础的，二者并不相互排斥。个体想要实现个性发展和全面发展，需要高校将个性化教育和全面发展教育这两种教育理论相结合。创新创业教育既强调个体的全面可持续发展，也强调实现个体的个性化发展。换而言之，创新创业教育要实现共性与个性的均衡发展，在了解个体特性发展规律的基础上，促进学生个体在德、智、体、美、劳各方面的全面发展。这要求高校的创新创业教育既要尊重每个学生的个性，又要促进其实现自身的全面发展，不断提高学生创新和创业能力，使之适应现在知识信息时代的要求。

总而言之，马克思关于人的全面发展的理论指导着我国当前高校教育改革实践，奠定了高校学生的全面发展的理论基础，形成了创新创业教育这种全新的教育理念和教育模式，同时也反映了当今知识信息时代的特征。

第三节　高校创新创业教育现状

一、大学生创新创业的背景

近几年，我国大学生就业困难日益凸显。这主要是因为我国高等院校近几年不断扩招，毕业生人数逐年上升，大学毕业生人数一直不断增加，仅 2019 年，我国就有 834 万高校毕业生，而社会的就业岗位相对较少，不能与大学毕业生人数相匹配。要想有效解决这一问题，提高大学生就业率，改善大学生就业环境，需要政府、高校、企业以及社会共同参与，寻找解决之道。发挥大学生的创造潜能，培养大学生的创新创业能力是解决这一问题的有效途径。通过对大学生创新创业能力的培养：一方面能够提高大学生自身的综合竞争力，增加大学生就业机会；另一方面，以创业带动就业，大学生创业能够为社会提供更多的就业岗位，有利于解决大学生就业难的问题，也有利于建设创新型国家。

各地政府也出台了一些大学生自主创业的优惠扶持政策，希望通过重点开展创业带动就业工作，改善就业环境，解决就业难题。因此，在全国范围内，创新创业的热潮一浪高过一浪，一批新型产品不断地被制造，新型商业模式不断地被应用推广，新型产业不断发展，在促进我国经济结构转型升级的同时，也为大学生就业难问题提供了解决之道。

激发大学生创业意识、培养大学生创业精神与创业能力的重要性越来越被高校所重视，清华大学“第一届大学生创新创业计划大赛”的成功举办吹响了高校创新创业类竞赛开始的号角。全国“挑战杯”大学生创业计划竞赛、全国大学生电子商务“创新、创意及创业”挑战赛、“互联网 +”大学生创新创业大赛等相继举办，受到了大学生的追捧，大学生创新创业的热情有了更好的舞台。教育部办公厅更是及时印发了关于《普通本科学校创业教育教学基本要求（试行）》的通知，通知中鼓励高等学校开展创业教育。高校纷纷将创新创业教育纳入教学培养体系来响应文件精神，根据自身实际，积极探索具有自己教学特点的大学生创新创业教育。“大众创业、万众创新”被列入了“十三五”规划建议当中，建议还指出要有效地推动高校毕业生就业促进和创业引领计划的落地，支持鼓励大学生就业创业，全力激发创新创业活力。

国家发展大学生创新创业的背景主要包括以下几方面。

（一）经济结构调整转型升级的需要

当前，我国处于经济增长的换挡期，也是经济结构调整的阵痛期，还是前期刺激政策的消化期，正是在这种“三期叠加”的特殊时期，制造业要求“去产能化”，房地产业要求“去泡沫化”，金融体系要求“去杠杆化”、环境要求“去污染化”，经济增速放缓是必然的趋势。要在这种环境下持续稳定地保持经济增长，推动产业链和价值链从低端向中高端转变，“大众创业、万众创新”是加速中国经济结构转型升级的必然道路。通过创新建立创新创业生态，以市场需求为导向，激发和释放新的消费潜力，使社会资本向新技术、新产品、新业态和新商业模式倾斜。

（二）“互联网 +”时代的来临

传统行业与互联网的融合与重构构建了“互联网 +”概念的内涵。互联网的进入改变了几乎所有的传统行业，包括农业、制造业、媒体、通信、物流、医疗、教育、旅游、餐饮等各行各业。互联网与传统行业的结合形成了新的平台，整合了资金流、信息流、物流，实现了结构调整与迁移，同时也产生了新的应用模式，转型升级了产业与服务，使一、二、三产业的融合与发展更加紧密快速。对于各个行业来说，“互联网 +”模式也带来了创新与发展的巨大机会。无论是互联网自身所产生的新生事物，还是传统的各行各业，都能成为“互联网 +”的对象。这种模式的产生与应用，带来了更多升级换代甚至是颠覆性改变的可能，也有着更大的创新创业空间。“互联网 +”还是发散式思维模式，其能够更加充分地体现创新创业理念，为大学生提供更加广阔的创新创业的发展空间。

（三）资源有效聚集的需要

保证经济可持续增长的关键点在于实施创新驱动发展战略，全面提升创新能力。而要做到全面提升创新能力，就必须打造以企业为主体的创新体系，包括有效的创新平台的构建、创新载体的培育、创新资源的聚集、创新机制的完善及构建。

（四）缓解就业压力的需要

随着我国高等教育由“精英式”教育转变成“大众化”教育，大学毕业生的人数增加，进而导致高校大学生就业率低、就业难成为现象级的社会难题，广受全社会的关注。在这一前提下，政府、高校找到了一条新的有效就业之路——大学生创业，这也意味着无论政府还是高校都要重视对大学生创业意识的培养。

在未来，政府会进一步支持大学生自主创业，大学生自主创业将会向更深层次发展。为了更好地应对就业压力严峻的形势，高校在人才培养模式的改革以及促进大学生创新创业教育方面会有新的思考和新的转变。目前的情况下，各个高校都规划和实施了各自的创新创业教育，但是并没有完全激发出大学生的创业激情。在校大学生创新创业意识的培养还没有被重视普及起来。高校作为高等教育的前沿阵地，应该承担起培养大学生创新创业意识的责任，使学生的思想由被动就业转变为自主创业，更顺应时代发展需要，也有利于大学生提高社会实践能力，有利于缓解当前严峻的就业压力，有利于社会和谐和经济稳定发展。

（五）大学生是创新创业的主力军

拥有较高文化知识素质的大学生，应当仁不让地担负起创新创业主力军的职责。由中华人民共和国国务院办公厅颁布的《关于深化高等学校创新创业教育改革的实施意见》，对地方和高校在树立先进的创新创业教育理念，加强创新创业教育，增强学生创新精神和创新创业能力方面提出了明确要求。无论是实施创新驱动发展战略，还是增强经济发展新动能，都离不开大众创业、万众创新。处于创新创业活跃期的青年大学生们，具有精力充沛、思维活跃，知识和技能水平较高的优势，应当仁不让地要担起创新创业主力军的职责。

在当代社会，创新是国家、区域参与竞争、抢先发展的重要力量支撑，促进着经济的发展和社会的进步。创新型国家战略的核心就是自主创新能力。自主创新能力是发展科学技术的基点，科技创新是走中国特色自主创新之路的关键点。高校，是科技发展的前沿阵地，推动国家创新发展是高校的历史使命，高校所产生的创新意识、创新精神、创新能力决定着国家的前途和命运。

二、创新能力对当代大学生的意义

（一）塑造内在品质和素养的核心基础

当代大学生需要借助创新意识及能力，对所学的知识加以吸纳、运用和拓展，确保大学时期的学习内容可以从真正意义上对大学生未来的工作和生活起到积极作用。

（二）获得知识的重要手段

在当前知识经济的时代背景下，知识呈现爆发式增长，知识更新换代的周期越来越短，转化速度大幅提升。这种现状要求当代大学生不能再被动地接受知识，而是要主动对知识进行筛选、整理、转化和运用，通过对已获取知识的创新重构来吸取新知识，丰富自己的知识储备。

（三）养成终身学习习惯的自我驱动力

近年来高等教育愈发普及，其职能不再是原来的精英教育，而是逐渐转变为素质教育，帮助大学生建立创新意识、提升创新能力，可以使其充分发挥所能接触到的资源的价值，在未来结合自身工作进行自我知识体系的构建及完善，开拓创新，以更好的自我面对不断变化的社会，从而培养终身学习的意识，为和谐社会的构建在智力方面贡献自己的力量。[1]

三、大学生创新创业所面临的问题

除了自身拥有的有利条件，国家对于大学生创新创业也进行了积极的鼓励与扶持，然而目前大学生创新创业的开展仍存在不少问题。

（一）大学生创新创业水平较低

我国的大学生创新创业工程开展较晚，尚未得到足够的发展，目前仍然处在水平较低的初级阶段。尽管发展速度很快，但相比于工业化以来得到长期发展的产业，大学生的创新创业与之仍有较大差距。高速发展的社会使得包括技术和政策在内的各类资源也快速更新，加之激烈的市场竞争导致大学生进行创新创业实践的效果并不满足理论要求。另外，在理论方面，当前高校对于这一领域的教育仍在进行初期的研究探索，

---

[1] 张永刚．新时期高校创新创业教育的现状及解决策略研究 [J]. 中国商论，2019（1）：215-216.

没有形成完善的知识理论体系，在实际操作过程中也就难以避免各类问题。在如此严峻的形势下，我国大学生创新创业急需完成由量到质的进一步升级。

（二）大学生的创新创业素质参差不齐

虽然学历不是用以衡量一个人素养水平的唯一标准，但为了确保创新创业水平，人需要良好的综合素质作为基础。找不到符合自己需求的合适工作岗位是很多大学生决定创业的主要原因，而这种情况要么是由于其学历水平达不到用人单位的要求，要么是因为用人单位可支付的薪酬和大学生所具备的综合能力难以匹配。因此，许多大学生选择通过创业来解决以上问题。然而，现实总不如理想美好，创业者自身素质水平良莠不齐，导致了好坏各异的业绩结果。如果创业者自身素质水平不足，那么其就无法站在宏观角度对产业的形势进行把控；没有充分的管理理论储备，也会使创业者过于盲目，最终将使产业陷入高投入、低回报的尴尬境地，阻碍产业经济的进一步发展。

（三）大学生缺乏对创业形势和政策的了解和把控

尽管无论是在国家政策上，还是各高校在场地、资金等资源上，都为大学生创新创业提供了最大限度的支持，但由于对社会相关产业的必要信息了解不足，大学生创业者远没有达到应有的能力与水平。造成这种情况的主要原因是高校没有为大学生提供充分的创业指导，在教学中也没有有效结合相关内容，从而导致很多大学生创业者对社会环境的认知只停留在较浅的层次，在此种情况下做出的草率投资行为，会对自身的经济条件和身心状况造成一定打击，使其创业积极性大幅下降。

（四）大学生创新创业的规范程度和管理水平较低

近些年，国家为鼓励大学生积极参与创新创业，采取了一系列扶持措施，如出台各类优惠政策，设立创新创业基金并加大资金投入力度，适当减免税收额度，安排专人为高校提供创业主题讲座或咨询等。尽管如此，因为国家政策出台后在向地方落实执行的过程中会产生衰减与偏差，创业者们仍遇到了资金和团队管理方面的问题。大学生们在进入社会前处在象牙塔中，其所具备的社会关系和能力都十分匮乏，只凭借自己的想法进行创业，成功概率极低。

（五）创新创业面临老牌传统企业挤压和竞争的严峻环境

在复杂的市场体制环境中，老牌传统企业因其长期以来所积累的广泛人脉、雄厚资本以及各类优质人才，在市场中拥有难以撼动的主导地位。在与如此强劲对手的竞争中，大学生创业者要想在行业市场内分得一杯羹、获得稳固的一席之地，必定要经受严峻的考验。

第二章 国内外高校创新创业教育发展借鉴

“大众创业、万众创新”是推进我国经济发展建设的全新驱动力，创新创业教育的开展可以为我国的经济结构转型提供战略支持。通过学习和总结国内外高校开展创新创业教育的先进经验，可以进一步指导我国的创新创业发展。鉴于此，本章主要围绕美国高校创新创业教育发展借鉴、英国高校创新创业教育发展借鉴以及我国高校创新创业教育发展借鉴展开论述。

第一节　美国高校创新创业教育发展借鉴

一、美国高校创新创业教育的发展模式

（一）“校企合作”模式——哈佛大学

哈佛大学是美国知名学府，该高校认为与企业之间建立密切联系与合作关系十分重要，为此开创了“校企合作”的教育模式。这一模式下，高校会将优秀企业中实践经验丰富、理论知识渊博的学者、专家或管理者邀请到学校，充分发挥其在理论和实践方面的优势，和高校一起进行课程内容设计、实践操作与管理等教育教学工作，和高校共同进行优秀人才的培养。为了使“校企合作”这一模式充分发挥作用，美国各高校之间还通过设立工业联系计划站定期举办会议，加强交流，保证校企之间合作关系的稳定与持久。

“校企合作”的创新模式可以充分激发企业在资金、技术和人脉关系上的优势，帮助高校建设创新创业加速器，为高校师生或科研人员所创立的公司能快速孵化提供支持；同时，学校也可以利用人才方面的优势，实现产学结合，带动创新创业风气。这一模式将推动校企之间在人才教育培养方面的合作，高校为企业输出更多优质人才，企业为学生提供更多就业机会，实现校企双方的合作共赢。

（二）“产学研培养”模式——斯坦福大学

斯坦福大学不仅是美国知名的私立高校，也是在世界范围内享有盛誉的科研园区硅谷雏形的诞生地，其推动了产学研联动模式的形成。该校与硅谷所达成的合作模式对美国高校在创新创业人才教育方面具有示范作用，主要从以下两个维度表现出来。

1. 人才培养合作

借势硅谷的飞速发展，斯坦福可以通过产学研模式为硅谷输送优质人才资源，提供技术需求；同时，硅谷依托于高校开展研发工作也能适当节省企业的研发成本，从而提高收入水平。科研成果到经济收益的转化也在某种程度上激发了斯坦福研发人员的科研热情，从而更加积极地进行技术研究，由此产生良性循环[1]。

2. 继续教育合作

借助斯坦福大学完善的继续教育课程机制，硅谷员工可以进行线上或线下的课程学习。线下采用课堂统一授课的教学模式，线上则利用网络实现远程学习。线上和线下的教学内容相辅相成，使硅谷员工可以吸收充分的理论知识，从而帮助他们提升工作能力；而通过这种教学交流，学校也能够获得硅谷发展的前沿动态和更多信息资讯，并将其用于创新创业教育。

（三）“创业实践”模式——百森商学院

作为一所创业大学，百森商学院在创业教育领域取得了突出成绩，其注重对学生

[1] 倪珍珍．美国高校创新创业教育发展的经验及启示 [J]．新时代职业教育，2020，1：20-23.

创新创业思维意识的培养，通过独特的办学模式，不仅在创新能力、市场敏感度、思维灵活度等方面对学生进行教育，还积极开展创新创业实践。学校在首个学年即为学生开设了创业相关课程，指导学生结合自身实际尝试创办自己的公司。学校还会为学生提供多方面支持，包括启动资金、政策指导、专业课程等。一学年的创业课程结束后，学校将组织开展公司资产结算，收回初期由学校提供的本金，如有盈利则会捐献给慈善组织或机构。

百森商学院的知名教授蒂蒙斯所创立的“创业学”课程是所有相关教学课程中最具有代表性和知名度的，该课程体系中提到的“行动学习法”也被用于百森商学院的创业课程中，其通过移情、试验、玩要、创造、反思五个行为过程，形成全新的实践模式。其中，玩要是指采用游戏的方式拓展学生的思维，激发其想象力；移情是指引导学生换位思考；创造指的是发掘问题并以创新思维解决问题；试验则是指验证解决方法的正确性；反思指的是引导学生对整个过程进行思考和归纳总结。这种实践教学方法可以逐步培养和提升学生发现、思考和解决问题的能力与水平。

二、美国高校创新创业人才培养模式的特征

（一）建立创新创业的教育课程体系

高校要实现创新创业就必须从课程入手，经济性和实用性是美国高校对创新创业课程的要求。相比于其他国家的创新创业教育，美国是最早发展创新创业教育的国家，其已经拥有完整的课程体系。目前，美国的任何一个学校基本都会教授创新创业课程，这是美国培养创新创业人才的前提。

例如斯坦福大学，以下两部分是其创新创业教育的主要内容：校内教育是第一部分，内容主要有辅导中心、创业资讯中心和校内创业课程，由此组成的创业教育结构非常稳定。其中的重点在于创业课程，每一个专业的学生都有相应的创业课程，如“经理与创业者会计”“创新创业和变革”“创业管理与金融”等。课外创业活动为第二部分，包括名师讲座、参观实际的企业、举办高校创新创业大赛等。其中最受学生欢迎的活动就是斯坦福和社会举办的创业挑战赛，不同国家的学生纷纷参与其中。

（二）完善创新创业的教育支撑体系

“三螺旋模型”由政府、企业和高校共同组成，三者之间共同进步、相互影响，是全新的互动关系。高校创建符合标准的创新创业体系，创业知识通过相关的学科教授给学生；“创业美国计划”“美国创新战略”等政策由政府把控，为大学生创业提供支持，并为其提供相应的创业资金和服务；企业可以通过政府与高校达成合作，在资金上得到政府的支持，培养出优秀的创新创业人才，共同打造喜人的成果，将产学研的效果发挥到最大。

斯坦福大学中的科技园受到很多名企的青睐，而科技园内所有的公共服务也因为政府的赞助而非常完善。一方面是斯坦福大学为了培养高质量的创新创业人才，始终以学生的创新和创业能力为核心，让科技园没有科技和服务的后顾之忧；另一方面斯坦福的学生都会在科技园里参与实训，在实践中充分运用理论知识，不再是纸上谈兵。

（三）培养创新创业的教育师资体系

在开展创新创业教育时，一流的创业教育师资队伍必不可少，其也是创新创业教育的重点。从教育教学水平的层面看，高校应大力支持教师开展创业活动，引导教师积极开展创业实践；从教师继续教育的层面看，创业型教师无论是继续深造还是去交流学习都应得到高校的支持；从教师聘任的层面看，拥有创业或企业家背景的教师应成为高校聘任的首选。

例如百森商学院，其有着专业水平极高的创新创业师资团队，其中有科学家、企业家、企业管理者和学者等。他们不仅是资深的教育工作者，还对创新创业有着丰富的研究和探讨，能始终站在学生创新创业课堂的最前端。不仅如此，百森商学院还经常举办创新创业讲座，其嘉宾包括经验丰富的企业管理者和创业校友等，可以和学生开展学术探讨和经验交流。

三、美国高校创新创业教育的启示

（一）改革创新创业课程设置

我国当前的高等教育系统有着丰富的类型和层次，其要求高校所培养的创新创业人才必须拥有较多的层次。创建新的高校课程是发展我国创新创业教育的切入点，可以丰富其类型，并增加实践性。对实践课、选修课和必修课的安排与设计要以学生的不同年龄、不同专业和兴趣为依据，让学生通过实训基地和创客空间来完成创新创业活动。例如，教师可以使用项目和案例等教学方法，可以在教学中加入创新创业的灵魂；学生可以在创新创业成果中加入自己在实训基地和创客空间中迸发的灵感与思维；学校为开阔学生眼界，增加创新创业课堂内容，取得潮流信息，可以在课堂中邀请投资家、企业高层管理者和专业人才来举办创新创业讲座。

（二）改善创新创业社会环境

创新创业需要有氛围良好的社会环境，这样才有利于师生完成创新创业的教学和学习，因此，为创新创业教育创建一套完整的法律体系势在必行。首先，为大学生创业提供优惠政策，为拥有新鲜血液的创新团体提供最大的支持；其次，就教育机构来说，高校应不断改进创新创业课程体系，使其更加完整，让创新创业的身影时刻出现在学校生活和课堂教学中；最后，体制外也可以支持学校的创新创业教育，学校可邀请非营利性组织、企业等来校交流。

（三）加强创新创业师资力量

之前从事科研工作的教师目前是我国高校创新创业教育的主力军，虽然他们的科研和授课能力突出，但大部分都是理论知识，没有实践，无法为学生提供更多创业知识。因此高校在增加教师学术背景的同时，也要丰富其实践经验，可以从以下几点入手：一是增加客座讲师，可选择学术背景浓厚的投资家、风险家或是创新创业专职教师，为创新创业教育加入新的力量；二是支持教师开展创业活动，以便积累更多的实践经验；三是让在岗教师学习国内外先进的创新创业知识，并参加相关培训，提高创新创业师资的整体水平；四是积极参与国际交流，在第一时间掌握国内外的前沿资讯。

第二节　英国高校创新创业教育发展借鉴

到了21世纪，英国这一发达国家也在向知识驱动型经济靠拢，传统制造业因为这一改变而失去以往的霸主地位，驱动经济则在快速发展的服务业的推动下得到稳步提升，就业市场和社会的人才需求结构都发生了转变，需求从原本的纯体力劳动向中高端管理和技术类转变，对高校毕业生提出了新的要求，他们如果想要增加就业竞争力，就必须在整体素质上更胜一筹。此外，由于英国的高等教育较为广泛，因此毕业生是一个庞大的群体，他们有更鲜明的个性，而为了提高其就业竞争力，英国高等教育部门就必须出台新的政策。站在英国创业教育发展的角度上，如美国的斯坦福大学和麻省理工学院等明星创业型大学并没有在英国高校中见到，但英国还是满足了本国社会经济发展的需要，并且取得了令人瞩目的成绩，这是英国高校大力推进创新创业教育的结果。

英国政府强有力地推动大学生创新创业，学校、政府和社会都是其能有效利用的力量，大学生创新创业就是依靠这种“三位一体”的力量来完成的。

一、英国高校创新创业教育的发展经验

（一）政府持续扶持高校融入区域发展

英国创新创业教育得到了英国政府和其他力量的有效推动。1987年，高等教育创业计划由英国政府正式启动，该计划为推动全国大学生积极开展创业活动，在资金上给予了大力支持。政府在1998年启动了创业扶持计划，其对象就是在校大学生，创业者可咨询相关的创业导师或顾问，寻求相应的指导，以便于自己创业。

区域大学联合会是英国目前正在实施的项目，其可以帮助高校不断探索创新创业领域，打通高校和区域性合作伙伴之间的通道。合作采用区域团体或委员聘用高校代表的方式，双方通过区域发展论坛及时交流相关的信息。政府为加快区域协同创新进程，还成立了如商务服务、技术研发、志愿者活动等相关的管理机构，以便于更好地服务于双方。英国政府还在资金上给予大力支持，成立区域性创新基金，全面发展区域性产业研发。区域经济在多方合作下有了更强的竞争力，英国政府正是看到了这一点，开始大力发展高校与区域的融合。为了让大学和区域能够及时沟通和分享已取得的科研成果，政府采取了多种措施，如建立知识交流中心网络、成立高等教育创新基金等。

（二）教育体系前后衔接并持续发展

英国的教育有着悠久的历史，有着非常完善和复杂的教育体系，灵活性很高，是经过百年沉淀的结果。

总的来说，义务教育、延续教育以及高等教育共同组成完整的英国教育。准大学生们既可以在实习中获得社会经验，也可以成为志愿者去服务于发展中国家，这些都是开阔眼界的方式；还有的学生立志投身于科研事业，学校可为他们提供应有的资源，帮助他们对自己的学术领域有更多了解，还可以组织他们参与一些实验。此种提前训练的方式可以让学生在进入大学校园之后有明确的发展方向，并且具备勇于探索的精神。

高校建立的机会导向型创业人才培养课程体系包含三个阶段，即“创业意识”“创业通识”和“创业职业”，可以对学生进行更加深入的辅导和培养，使前后连接更加紧密。课外活动奖励计划也得到英国高校的青睐，其可以让学生对自身能力有更加清晰的了解，便于之后的提升和展示。

（三）产学研合作教育培养创新创业人才

产学研合作是英国高校在近些年为实现科技与产业的相互融合而不断发展的教育模式。传统的人才培养模式更看重理论教育，而产学研合作教育模式所培养的人才更注重高校、企业和科研机构所发挥的作用，分析企业、科研和教学中存在的共同之处，得出当下的社会需求，并将教育目标与之相结合，引导学生在实践中运用所学的理论知识。学生在这一过程中既可以增加实践经验，也可以培养出创新创业精神，从而不断提高其创新创业能力。英国沃里克（华威）大学诞生于20世纪60年代，它采用学术与创业相结合模式，在短短几十年里就成为英国家喻户晓的创新创业人才培养示范基地。

（1）初期培育阶段：沃里克制造业集团是学校于20世纪80年代创建的。教学、研发和成果转化都是该集团的项目。产学研模式带来了丰厚的利润，集团也因此得到了来自企业的研发资金，既保证了之后的科研水准，也为成果转化提供了支持，实现了集团和产业需求的可持续发展。

（2）中期提升阶段：沃里克科学园区是沃里克大学为发展创新创业教育与英国政府和中西部企业集团联合创建的。沃里克大学利用这一平台与工商界实现良好的沟通，让本校学生有更多机会去参与实地的创新创业，也让创新创业的气氛充斥在校园的每一个角落。

（3）拓展升华阶段：沃里克大学不仅与工程方面的企业合作，还增加研究机构，如中小企业成长和地方公共管理研究所、劳资关系研究所等，为企业培训和咨询带来便利。学校通过这些服务收获来自社会的赞誉，同时也与企业加深各方面的合作。沃里克大学也从自身条件出发，开展除社会服务之外的多项服务，如创办新闻社和书店、举办艺术表演、租赁学生宿舍和剧院等，由此筹集更多教育经费。

学校教授可以通过上述校企合作活动让不同专业的学生联合相关的企业人员创建研究小组，如此一来，学生不仅能得到来自学校的指导，还能得到来自企业的指导，可谓收获满满。

二、英国高校创新创业教育的启示

（一）成立专门机构，促进创新驱动

通过对英国政府机构以及该国的高校所进行的一系列尝试后所得到的经验进行分析，可以发现政府所设立的专门机构的引导在其中起到了关键性的作用。在早期的时候，创立科学创业挑战基金；接着又专门成立了科学创业中心来对创业教育实施具体

的管理以及实施，为那些有前景的各种类型的创业项目提供种子基金、天使资本、创业孵化以及科学园区等一系列相关的配套服务；然后进一步建立大学生创业促进委员会，对全国上下的创新创业教育进行统筹负责；最后实现了高等教育创新基金的创立以及区域大学联合会的筹建。在这些重要的环节里面，政府一直保持着高度的参与。

从目前的实际情况来看，我国大部分高校依旧是由共青团组织或者学生工作部门在负责创新创业教育这方面的工作。从专业角度来说，这些部门对于相关的专业知识非常缺乏，没有能力和条件提供完整的系统性帮扶。除开高校本身的力量，来自校外的扶持力量就更加捉襟见肘，社会机构在其中的参与度非常低，同时也没有专门为创新创业教育而设立的相关部门。由于国内不同区域之间的发展不平衡的原因，导致许多的具体政策无法实现全国统一。

通过对英国的经验进行分析借鉴，我国各个地方可以根据当地的实际情况，尝试成立包括当地政府、高校以及企业在内的多种角色的区域发展协调组织，通过创立交流论坛的方式来确保参与方能够进行定期的交流；同时可以积极鼓励参与方进行多渠道的资金筹集，设立与区域发展相配套的创新基金，为创新创业教育提供稳定的资金支持。高校还可以通过设立专门的机构，对全校师生的专利申请、对外技术的转让以及服务外包等工作进行服务，同时还可以通过帮助寻求校企等方面的深度合作伙伴来实现对创新驱动的加速，实现对接效率的提升。

除此之外，为了能够实现市场对创新创业的推动力量的充分释放，还要做到对市场机制的百分百尊重。利用正确的舆论导向，来培养社会对于创新创业的正确态度，从而促进社会大众对于创新创业活动的理解的加深。最后，当整个社会为创新创业提供了一个宽松、正向的环境的时候，那么对于在校大学生而言，他们的态度也会自然而然地受到潜移默化的影响。

（二）将教育改革看作系统工程

从当前的实际情况来看，大部分学生都在对于所选择的专业不甚了解的情况之下就从事了理论学习，对于所学学科的感性认知非常不够，并且对于学科的学习规律不一定了解，因此，在对所学学科缺乏真正的兴趣的前提之下，很难激发出学生能长期坚持下去的创新探索精神。从目前来看，教育体制在近段时间内不会发生重大的变革，在这样的前提下，通过采取对初中毕业之后的职业教育生源进行分流的方式，或许能够作为改革突破口的一种选择。如何在各省推出的“3+2”“3+3”“3+4”等职教分段培养的形式中，进行有效的传新创业教育的植入，是当下所面临的一个新的重要课题。

（三）纠正校企合作定位的偏差

想要让创新创业教育的目标顺利实现，那么就要不断地对学生的实践能力进行提升，这是校企实现长远合作的重要基础，能够帮助学生获得去进一步分析以及解决现实问题的能力，同时帮助其在产教融合的过程中一步步地形成创新创业思维。但是目前的实际情况是，大部分国内的高校由于学生的就业压力，与校企进行合作的主要目标变为了通过帮助学生获得职业技能来争取让其直接就业的机会，这就与传统的职业教育的训练方式几近一致。

企业作为合作的另一方，由于现实中的种种约束，对于在经营管理过程中所遇到的那些更需要创新解决思路的问题，他们并不情愿而且也不信任合作学校能够对他们有所帮助，对于他们来说，能够配合学校将学生从非熟练劳动力向熟练劳动力进行转换，也就是履行了他们的合作任务。在这样的情况之下，学生所能够获得的，通常也只能是具体岗位所固定的例行规则以及方法，而对于解决动态问题所需要进行的分析和思考则是非常缺乏的，因此也导致了对学生的创新创业思维的训练只能成为一纸空谈。

高校对于专业人才的培养，大体上可以进行四种类型的划分，包括技能型、技术型、工程型以及学术型。对于职业教育来说，其培养的人才应在生产或者服务一线拥有明确的工作岗位以及工作任务，这是其基本特征。这一类型的人才往往拥有四个最基本的要素：首先是面向一线的，其次是拥有非常明确的工作岗位，再次是在其岗位上拥有明确的工作任务，最后是从事技术技能工作。相对职业教育，对于高等教育所培养的工程型以及学术型人才来说，就更加需要突出对创新创业思维和能力的培养，也就是说工程型和学术型的高等教育不能够简单地和传统职业教育进行等同，而更应该对学生提出更高层次的要求，使学生应对未来岗位所需要的职业化能力得到更大的提升，从而拥有更加丰富的基础知识以及更强的创新创业能力，来应对未来职场之中接踵而至的新型挑战。

第三节　我国高校创新创业教育发展借鉴

一、创新创业典型院校——天津大学

作为前身是北洋大学的天津大学，它是教育部直属的国家重点大学，该校成立于1895年10月2日，是中国第一所现代大学。该校有着“严谨治学”的良好作风，秉承着“实事求是”的教学态度以及“爱国奉献”的优良传统，在全世界范围都拥有不菲的声誉。1951年，经过国家院系的调整，该校正式更名为“天津大学”。1969年，中共中央确立了第一批16所国家重点大学，该校就是其中之一，同时，该校也属于“211工程”和“985工程”首批重点建设的大学，在国家评选的“世界一流大学建设”高校中占据一席之地，属于A类高校范畴。

天津大学的办学目的就是培养具有高等素质以及拥有顶尖创新能力的人才，“办特色、出精品、上水平”的办学宗旨从未动摇，在对学生的教育教学中，始终坚守“育人为本”“教学优先”“质量第一”，采取全方位培养的方式，从未放弃对本科教育的加强，在对待研究生教育方面也是倾尽全力，建立了一套能够应对和满足新时期的经济建设需求的教育教学体系，同时该体系也能够适应当代社会高速发展的需求。在踏入21世纪初始，学校就确定了学校发展的“三步走”战略以及新世纪所要实现的目标：全力将学校打造成为享誉全世界的名牌大学，并且在21世纪的中期，使学校进入全世界范围内的顶级大学行列，成为综合性、研究型的大学，以及开放式、国际化的大学。

接下来将以天津大学的宣怀学院为例，探讨我国高等院校双创教育的发展。

（一）创新创业教育的实施成效

1. 建成特色创新创业教育教学空间

宣怀学院建设完成的技术创业中心，主要包括以下方面。

（1）原型机实验室（天津大学－国立光电创新实验平台）。该实验室为校企合作建立的实验室，支持学生以科技创新类团队的形式开展研究和实践活动，通过合理、高效利用学校各学院的各种科技资源，以技术集成创新、产品化应用为目的，有效推动学校科技产品化，盘活现有资源，提高各学院实力和影响力，培育重点包括智能家居、电子信息、工业设计等项目。2017 年原型机实验室装修改造完成并投入使用，开展了一系列跨学科、跨领域的项目和活动，为在天津大学进行交叉学科整合保驾护航。

（2）心讯 IT 实验室。由深圳心讯科技有限公司捐款设立，旨在给热爱科技的同学提供浓厚的研究氛围和良好的实验环境，让同学们能将专业课的知识付诸实践，增强其动手能力。实验室主要研究学习方向有 Android 开发、Java web 开发、虚拟现实、搜索引擎、机器学习等。

（3）乐高实验室。乐高实验室引进创新组合拼装模型，将其作为双创思维训练载体，通过与学院的课程结合，面向全校学生开放，激发学生的双创想法，进行创新思维锻炼，培养新型的双创人才。

2. 建设创新设计与卓越创业项目

宣怀学院以双一流和新工科建设为契机，以培养具备创新能力、企业家精神的卓越人才为培养目标，搭建了跨学科的创新教育项目——创新设计与卓越创业。该项目是教育部首批国家级新工科研究与实践立项项目，也是天津大学首批新工科试点项目。

创新设计与卓越创业项目将设计、工程和管理教育相结合，通过项目建设，积极探索实施大类招生、大类培养、双创实验班等多模式的教育教学改革。项目计划将工业设计、工业工程和工商管理三个专业交叉融合，对培养方案、课程团队、师资队伍、教学模式和方法进行重新设计，实施完全学分制，与企业进行全方位对接，实施“学习—实践—创新—实践”的全链条培养，引导学生发现市场生活中的各种产品以及行业切实存在的痛点，找到解决问题的方法和途径。在此基础上，形成“IDBE+ 新兴工程技术领域（人工智能、绿色环保、大健康等）”的新型创新创业人才培养体系，促进学科之间的交叉与融合，培养充分理解和认知新技术发展和未来社会发展，具备设计思维、创新意识和创业能力的双创领军人才。

3. 创新创业教育项目建设的显著成就

（1）开设工商管理（创新创业方向）辅修学位项目。自 2015 年在本科生中开设工商管理（创新创业方向）辅修学位项目以来，已招收三届共 150 余名学生，基本涵盖天津大学所有学院。该项目通过整合天津大学经管学部、天津大学工业设计系以及业界师资，对接企业实践活动等工作保证了课程质量和教学效果，逐步形成了相对完善的课程体系，涵盖了经管类基础课、双创类专业课和双创实践课三大类课程，并不断探索教学模式和教学方法的改革，取得了很好的教学效果。

（2）开设全校公共双创选修课。宣怀学院面向全校开设公共选修课程“创业实境演练”“创业案例遍变辩”。

第一，“创业实境演练”（OIPEC 示范课）已经连续开设了 3 个学期、5 个班次，有不同层次学生参与课程。该课程以 11 家创业企业的真实问题作为教学素材，通过多位教师共同讲授、教练辅导、企业家参与讨论、课后调研等方式提出针对创业企业真实问题的解决方案，得到了参与企业的好评和学生的热爱。十余家媒体对该课程的创新模式进行了报道。

第二，“创业案例遍变辩”课程打破了传统的案例教学模式，邀请了多位企业家和创业专家参与案例分析，让学生对真实的创业案例产生全面、深入的认识，将理论知识与创业实践深度融合。“遍变辩”是本课程的三大特色：“遍”是指本课程将精选各个行业和领域的典型案例，帮助学生对热门创业领域进行全面了解；“变”是指从创业团队、产品创新、商业模式、营销策略、融资方案等不同视角对创业案例进行分析，强化学生对于创业案例的深入理解；“辩”是指通过对案例分析的不同观点的碰撞，推动学生对案例形成自我理解，提升学生在案例分析中的自主性。

（3）建设双创案例库。宣怀学院双创案例编写团队目前已经完成 20 个案例的编写以及 1 个视频案例的拍摄编辑工作，已经有 1 篇案例成功入选中国管理案例共享中心案例库。

（4）开设各个层次的双创训练营。宣怀学院面向不同的层次不同的群体，开展以实战为主的双创训练营，包括以下方面：

第一，大创训练营。针对大学生创新创业训练计划项目开展。

第二，天大－代尔夫特国际联合设计工作坊。以“电动单车在荷兰”为主题，由来自荷兰代尔夫特和天津大学等高校的 28 名学生共同参与。

第三，宣怀学院第二届双创夏令营暨津港青年双创营。面向 50 名来自中国香港特别行政区的学生以及 50 名宣怀学院的学生开展为期 6 天的双创之旅。

第四，学生科创夏令营。不但培养学生们的创新思维和动手能力，还为学生和家长提供一个正确认知、深入了解双创的机会。

第五，宣怀实战创业训练。与 92 咖啡创业团队携手进行的“创业扶持再创业”活动，同时设立 92 咖啡创业基金。

（5）进行创新创业教育改革与创新。宣怀学院已经开展的学院课程建设和教学改革项目共计10项，包括网络课程2项、翻转课程1项。其中“创业实境演练”“创业案例遍变辩”“工程与技术前沿”等均为全新设计的创新课程，课程模式和效果得到了学生以及合作企业的认可。“工程与技术前沿”等课程积极探索有效的课程考核方式，以提升学生学习的获得感。该课程由专业教师主讲，每一次的课程均邀请其他学科的教授、学者、专家做技术前沿讲座，同时由主讲教师负责产业机遇与创新点的解读、分析。

4. 建设创新创业生态系统

（1）整合校内外双创资源与双创教育。

第一，建立创业辅导办公室（金教练工作坊）。专门开展创业路演指导、咨询和服务，面向各级各类大赛和创业项目开展一对一、一对多辅导。办公室自成立以来，已经开展一对一辅导项目超过50个，通过讲课辅导的项目超过300个。其辅导的天津大学“汽车全生命周期”项目成为天津唯一获得“互联网+”大赛全国银奖项目，“变胞机器人”等项目也获得了投资意向，还促成了MBA在读学生创业、宣怀学院辅导、创业导师共同投资的创业项目。

第二，构建创新创业教育的授课师资团队。整合了天津大学各学院的相关师资以及校外的业界师资，并通过交流研讨和师资培训不断提升授课师资的教学水平。相关师资先后参加了设计思考、创新方法、虚拟运营等方面的专业培训[1]。

第三，构建创业导师库。以教育部“全国万名优秀创新创业导师人才库”建设为契机，打造高水平的导师团队，宣怀学院推荐的30名创业导师成功入选。探索校企合作新模式，实现了课堂教学与企业实践的有效对接。目前已经有10余家创业企业和项目运营实践被引入教学环节，实现了理论与实践的有机结合。

（2）以“校长杯”为契机，开展丰富多彩的创新创业活动。宣怀学院与天津大学教务处、学工部、校团委、校友总会联合发起设立天津大学“校长杯”创新创业大赛，并已获得企业冠名赞助并提供10万元奖金。该比赛为天津大学最高水平的创新创业大赛。

宣怀学院打造了一系列面向学生、创业导师、创业企业的品牌双创活动。其中，

[1] 黎勇，崔延强．地方高校创业教育与区域社会协同发展的创新机制研究 [J]．国家教育行政学院学报，2019（12）：34-40.

每月举办的“创客思享汇”系列活动通过搭建创业者思维碰撞、分享及交流的平台，集合有经验的创客为创业者和对创业有浓厚兴趣的人群指点迷津；举办“宣怀学院中小企业论坛”多场，带领学生赴果酒销售企业、瑜伽馆、多肉种植基地等创业企业实地参观，并与创业者讨论行业机会和创业心路历程。

（3）全面深入学生群体，开展创新创业普及工作。建设宣怀学院“X-Club”学生社团，分为卫津路校区、北洋园校区两个中心，以“助力宣怀，创享青春”为宗旨，整合企业家、创业者、学生等共同学习交流分享，营造创新创业社团文化氛围，打造学生创新创业学习、锻炼和实践平台。

5. 加强交流与合作，提升学院影响力

（1）与欧盟高校就开放式创新与卓越创业进行深入合作。宣怀学院作为欧盟OIPEC项目的成员之一，已经连续举办两届“开放式创新与卓越创业研讨会”，来自欧盟的专家、学者和学生来到天津大学，就双创相关主题进行探讨。欧盟专家通过研讨会了解中国双创进展，为将国外经验引入中国起到积极推动作用。

（2）成功举办第三届全国创业学院院长论坛并发布《创新创业教育天津共识》。宣怀学院成功举办第三届全国创业学院院长论坛暨京津冀MBA创新创业教育论坛。论坛得到了教育部高教司的指导，以“双创新时代，大学新作为”为主题，北京大学、清华大学、天津大学、南开大学、浙江大学等国内近百所高校的创业学院院长或双创教育负责人和双创专家、学者300多人参会。论坛对促进各高校双创交流、充分发挥创业学院院长的作用与影响力、研究讨论创业学院建设起到了积极作用。大会还发布了《创新创业教育天津共识》，为双创教育在高校的实施提供了重要参考。

（3）协同国内外著名高校，建设IDBE项目。天津大学宣怀学院在搭建跨学科的创新教育项目“创新设计与卓越创业（IDBE）”过程中，得到了国内外著名高校和单位的支持，目前申报教育部的新工科项目中，除天津大学内多个学科和部门参与外，还有美国宾夕法尼亚州立大学、意大利米兰理工大学、芬兰拉普拉塔理工大学、清华大学、浙江大学、江南大学、中国机械工程学会等单位参与项目建设，为项目的推进汇聚了多方资源，提供了强大的基础。

（4）成立“中国好设计”天津中心。“中国好设计”天津中心落户天津大学宣怀学院，该中心是继西安中心、诸暨中心落成后建设的第三个区域中心。该中心将在京津冀地区围绕“中国好设计”开展展览展示、创新创业、推广交易和培训交流等活动，

围绕创新设计开展服务区域经济发展的设计双创活动，提高公众对设计价值的认知，营造全社会尊重设计、热爱设计、支持设计、参与设计的良好生态环境，服务区域经济增长和创新发展战略。

（二）创新创业教育的主要途径

1. 完善组织架构，整合师资资源

为整合优势资源，宣怀学院与学校及管理与经济学部协商，将宣怀学院国际顾问委员会纳入天津大学管理与经济学科国际顾问委员会建设。宣怀学院设立教学与研究中心，包括以双创教育为主师资构成的双创教学与研究中心、以校内外技术创新和管理创业师资为主构成的创新方法中心、以工业设计系师资为主构成的创新设计中心；建立学生支持中心，支持学生创业辅导、服务和资源对接；成立了卓越创业中心（即EDP 中心），主要负责高端培训项目运营。

2. 推动创新创业教育项目的开展

（1）建设工商管理（创新创业方向）辅修学位项目。宣怀学院工商管理（创新创业方向）双学位以“培养适应社会主义现代化建设需要的，掌握工商管理、创业学相关学科的基础理论知识，具备技术创业能力、创业理念、创业思维、社会责任感、创业精神、创业激情和良好心理素质的，宽基础、高素质、具有创新精神和实践能力的高级专门人才”为目标，同时将育人目标分解为四个方面，即掌握工商管理基础知识、具备创业的精神和素质、具备创新实践能力、掌握技术创业能力。

（2）开设公共双创选修课。为了加强天津大学的双创教育氛围，加深学生对双创的了解，宣怀学院面向全校开设以实操为主要形式的公共选修课程“创业实境演练”“创业案例遍变辩”等。

（3）建设双创案例库。为了进一步强化案例教学法在双创教育中的应用，宣怀学院组建了专门的双创案例编写团队，从行业案例、企业案例、案例视频化等多个方面开展案例库建设工作。

（4）开展各层次双创训练营。宣怀学院从双创实践出发，整合学院优势资源，有针对性地开展双创训练营，力求通过此类活动，让参与同学、创业团队深入了解创业历程，增强双创的实践能力。

3. 强化教学改革与创新

宣怀学院在开展双创教育中，特别强调教学改革与创新，在开始的教育教学活动和相关建设中，均努力以教育创新为突破，提升人才培养的效率和有效性。在教育部、天津大学以及学院等各层级积极申报和开展教学改革工作。

（1）开拓高端培训，服务社会经济发展。宣怀学院面向国家与区域经济社会发展提供服务，建立高端培训办公室和卓越创业中心，并招聘了项目主任和相关人员。高端培训办公室自设立以来，针对社会需求设计了一系列的培训产品。

（2）建设完整的创新创业生态系统。宣怀学院围绕建立双创生态系统进行了探索研究，提出了天津大学双创生态体系建设方案，除进行教学、课程体系的相关建设之外，学校还开展了大量相关工作以确保该系统的良好运作。

（3）加强国内外交流与合作，提升学院影响力。宣怀学院广泛开展国内外交流与合作，吸取国内外优秀的双创教育经验，聚合全国双创高校的力量，搭建开放的双创教育平台和交流机会，促进双创教育的改革事业。

（4）学院文化建设。为了扩大宣怀学院的影响力，学院积极建设新媒体宣传平台，包括学院网站、学院官方微信平台、学院官方微博等。同时，宣怀学院的各项工作也受到各大媒体的持续关注，产生了较大的社会影响力。

（5）携手中科，探索校企合作办学的创新模式。宣怀学院的建设得到了中科招商、中科创大的大力支持。学院在推进产业支持体系建设中，整合中科资源，提升天大创业服务与支持的质量。在创业投资方面，引入中科创大合作的创投基金。

二、创新创业典型院校——大连理工大学

中国共产党在中华人民共和国成立前夕，面向中国工业体系建设而亲手创办的第一所新型正规大学就是大连理工大学，它是教育部直属的全国重点大学，属于国家“211工程”“985工程”重点建设的高等学府，经过国务院的批准，成为世界一流大学A类建设高校的一员。

（一）创新创业教育的实施成效

在我国的高校中，最早提倡并且开展创新创业教育的学校，就包括大连理工大学。其在 1995 年就开先河地创立了“创新教育实践中心”这个教学单位，对创新创业教育进行了大力建设，同时开设了创新创业教育的实践能力强化班，在培养人才时，创新创业教育成为其主要任务之一。学校对创新创业教育工作进行人员搭配，组建了领导队伍，并且制定了《大连理工大学深化创新创业教育改革实施方案》，搭建了创新创业教育的实践平台。这个平台以创新创业学院作为中心，以学部（院）级的创新创业教育实践基地作为分中心，以大学科技园、大学生创业园以及校外的实践教育基地作为纽带，形成了一种非常具有独特性的创新创业教育体系。依托该实践平台，学校面向学生开办了 20 个双创实践能力强化班，开设了百余门有关学科前沿、创新思维等的双创课程并将其纳入培养方案，大规模实施大学生双创训练计划。长久以来，大连理工大学的双创教育取得了非常可喜的成果。

1. 建成若干双创基地

作为创新创业教育的领军者，大连理工大学获得了一系列赞誉，比如被评为首批全国深化双创教育改革示范高校、首批全国青年科技创新教育基地、首批全国双创典型经验高校、教育部首批全国高校实践育人双创基地等。同时其还是辽宁省船业项目选育基地、辽宁省双创教育基地、大连市众创空间以及辽宁省大学生创业园区，是中国高等院校双创教育联盟中的常务理事单位。学校双创学院还建成了国内一流的双创实践基地，构建了国内领先的“创意、创新、创业”三创教育模式，打造了“创意激发”“创新训练”“创客实践”“创业孵化”四个平台，形成了“以创新引领创业，以创业推动创新”的双创人才培养体系。学院现有全国高校实践育人创新创业基地 1 个，全国青年科技创新教育基地 1 个，国家级双创人才培养模式改革试验区 2 个，国家级大学科技园大学生创业园 1 个，国家级教学团队 1 个。

2. 取得若干双创成果

大连理工大学先后获得省部级教学成果奖 10 余项，其中“大学生创新实践中心的建设”“创新人才培养工程的探索与实践”和“研究型大学拔尖创新人才培养体系的构建与实践”3 个项目先后获得国家级教学成果一等奖。“创造性思维与创新方法”

等十余门课程获批国家级、省级精品开放课程，在高等教育出版社出版了创意创新创业系列教材，在爱课程网等平台上开设在线课程。在全国、省级双创年会中，获评“我最喜欢的双创展示项目”、优秀论文等奖励30余项。学生双创成果获得省级及以上奖励数千项，发表学术论文500余篇，申请专利1000余项，目前在基地孵化的双创团队629个、注册企业22个，部分创业团队获得了风险投资。国家（省）级双创资源共享课5门，先后获得省部级及以上教学成果10余项，其中创新育人模式获得国家级教学成果一等奖3项，位居全国高校前列。学校还被评为国家大学生创新创业训练计划实施工作首批先进单位。

目前，大连理工大学创业实践训练成果显著，在各级基地孵化的双创团队130多个、学生创办企业20余家，取得良好的社会效益和经济效益。如大连华城天威科技公司获得了两期400万元风险投资；CASE项目创业公司产品在国内外十分畅销，获得多项投资；学生双创实践团队喜获中国大学生“小平科技创新团队”荣誉称号；洪宇镜同学入选2015年中国大学生创业英雄年度100强等；优秀校友周康颠覆性改变扫描方式，发明了快速扫描仪，产品畅销国内外，获得Pre-A轮融资1400万元。

3. 得到社会广泛赞誉

经过多年的探索与实践，双创教育已经成为学校办学特色。学校通过协同育人，培养了一大批深受欢迎、有创新精神和创业能力的双创人才，深受用人单位的好评。清华大学、北京大学等400多所高校领导或教师先后来校考察其双创基地或成果。学校作为双创教育典型多次在全国性大会上进行交流，介绍经验。中央电视台、《人民日报》、《光明日报》、《中国青年报》等新闻媒体多次对该校双创教育进行报道，先后有400余所高校师生到该校双创教育基地考察并给予高度评价。

（二）创新创业教育的主要途径

1. 确立方向

（1）结合教学改革实践，率先开展创造发明。围绕“实施精英教育、培养精英人”的人才培养目标，大连理工大学成为全国高校中最早倡导并开展双创教育的学校。1985年，部分教师从教学实践入手，开展“三小一环”教学改革实践，在学校掀起了创造发明热潮。学校就因势利导，推进双创教育，并以“大连工学院首届大学生创造发明成果表彰大会”为契机，在全校全面开展如火如荼的双创教育。《中国青年报》记者曾以《大连工学院学生出现创造热》为题在全国进行了宣传报道。

（2）逐步完善双创机构，全面夯实双创基础。1990 年，学校成立“大连理工大学创造发明培训学校”，对学生进行系统培训。1993 年成立第一个学生创业企业——天威科技开发服务中心。1995 年，学校在全国高校率先成立“创新教育实践中心”，面向校内学有余力、有兴趣的学生开办创新实践能力强化班，成立以学生创新实践为主体的教学单位，在全国产生很大影响。1998 年全面实施创新人才培养工程。2000 年，开设创业实践班，建立“学子创业园”，计算机本科生顾大伟的一项成果吸引 500 万元的风险投资。2003 年，成立大学生创新学院。2007 年，创办创新实验班，成立处级建制的独立二级学院——创新实验学院。2015 年，学校将创新实验学院更名为创新创业学院。

（3）培养拔尖创新人才和提高科研创新能力相结合，一流学科与一流专业两个建设相融合。“实施精英教育、培养精英人才”是学校建设国内外知名的高水平研究型大学的战略任务。培养一流人才是学校发展的坚定目标和不懈追求。在“双一流”建设中，把提高教学水平、培养拔尖创新人才和提高科研创新能力相结合，使一流学科建设与一流专业建设有机融合，相互支撑、相互促进。以深化双创教育改革为学校教育综合改革的突破口，全面推进多元化的人才培养模式、研究型的教学模式、以学生为本的管理模式的改革。

（4）按照“三创”融合教育理念，构建“2345”双创教育体系。按照“创意·创新·创业”（“三创”融合）的双创教育理念，构建“2345”（双协同——校内校外协同与课内课外协同，三融合——坚持创新引领创业，将创意、创新、创业融为一体，使富有创意、善于创新和勇于创业相融合，四平台——校级平台、学部学院级平台、大学生创业孵化平台和校外实践教育平台，五位一体——开设双创课程、创办双创俱乐部、实施双创训练计划、开展竞赛、强化实践，建立了与双创教育相适应的保障机制）双创教育体系。完善开放办学协同育人机制，广泛与科研院所、行业企业合作，整合优质社会资源，共同培养人才。拓宽教师和学生国际视野，提高教师和学生的国际交流与合作能力。

2. 采取措施

（1）机制保障，促进创新创业教育可持续发展。学校制定了《大连理工大学深化创新创业教育改革实施方案》，成立了双创教育工作领导小组，成立领导小组办公室，并设在双创学院。创建了由校长牵头负责且多个教学部门共同进行抓管的联动协调机制，这对于学校双创工作的开展起到了非常有效的推进作用。对于创新创业教育的工作，学校保持高度重视，定期就创新创业教育工作召开专门的会议或者召开创新创业教育工作领导的小组会议，对创新创业教育工作进行探讨研究以及部署。学校每年将双创教育工作纳入年度重点工作，制订相应实施方案。

（2）打造平台，提供良好创新创业硬件资源。投资打造学校四级双创平台，在四级双创平台建设了几十个双创实训室、双创中心等双创训练基地。学校正式行文任命了一大批双创实训室（中心基地）主任。学校将双创学院安排在研究生教育大楼，教育部投资 3 亿建设建筑面积 7 万平方米的“大学生创新实践能力训练基地”，学校投入 1700 万元改造 6500 平方米的“大学生创客基地”。

（3）融入课堂，将创新创业教育纳入人才培养主渠道。修订本科生培养方案，设置双创教育与个性发展课程（6 学分）。面向全体低年级学生开设“创造性思维与创新方法”“创业基础与实务”等双创必修课程。就创新创业教育的实战开设了近 100 门课程，包括“创业管理”“创新创业工程和实践”“创业实践”“创新创业 + 互联网”等。依托国家重点实验室开设了相关的前沿课程，如“创新探究”“学科前沿实验”等。开设了 1 个创新与创业管理辅修专业。面向高考优秀学生，开设电信大类、机械大类、化工大类和钱令希力学等四个创新实验班，实行大类招生、大类培养，双创教育四年不断线。面向校内学有余力、有兴趣的学生开设双创实践能力强化班 17 个，强化学生的实践动手能力。

（4）营造氛围，传播创新创业精神。鼓励学生组建“灵魂车队”“机器人”“大工创客”等大学生双创社团和创业俱乐部 30 余个。开设创业沙龙、创业讲座，定期开设创业大讲堂，邀请创业成功人士与大连理工学子面对面分享创业经验。在学生宿舍建立了 50 个“校园驿站”，学生双创团队可以申请进入驿站，教师可以提供指导服务。

（5）加强训练，实施大规模大学生创新创业训练计划。学校将“大学生创新创业训练计划”纳入人才培养方案，建立“四个一”制度：每一位教师，指导一个项目，每一年，接收一名学生。学校每年划拨 300 万元的专项资金；每年大约有 50% 以上的学生参加双创训练项目，项目结题后可转换为学分；每年举办双创年会，营造双创氛围。

（6）强化实践，实施学生创新创业能力提升计划。学校下发了《大连理工大学大学生创新实践强化班管理办法》，开设了双创实践能力强化班 17 个，面向全校在主修专业外学有余力的学生招生。设立强化双创实践能力的系列课程，纳入培养计划。树立 CDIO 教育新理念，倡导学生做中学、学中思、思中创，系统地培养大学生双创能力。每年招收学生 1200 余人，学生修完规定 15 学分的课程后可获得学校颁发的双创能力证书。在双创实践班培养计划中，开设双创公共课程。实践班设专门教学岗位，配专职教师和实验教师，落实做“中学、学中思、思中创”理念，系统地对学生的创新实践能力进行强化。

（7）举办竞赛，作为学生创新创业能力水平的试金石。学校每年投入 200 万元专项经费支持大学生参加 120 余项双创大赛；学校制定了《关于学生代表学校参加竞赛的若干规定》，对竞赛获奖学生在学分认定、奖学金申请、推免研究生等方面进行激励；设立双创大赛负责人制度，制定了《教师指导大学生竞赛工作量量化及奖励办法》，对参加指导的教师给予工作量量化和奖励，在教师年度工作考评、职称晋升等方面给予量化积分。

（8）开设慕课，为校内外提供优质创新创业教学资源。共享课程 10 余门，建设辽宁省精品开放课程、国家级精品公开课，其中视频公开课为“创造性思维与创新方法”（最受欢迎的课程），精品课程为“创新教育基础与实践”（国家级唯一创新创业类课程）。开设“互联网 + 创新创业”“创造学基础”“大学生创新创意创业教育”“走进机器人”等十余门双创课程。这些优质的双创课程，目前在各类慕课平台上面向全国进行在线开放。在一学期内，有来自全国近 140 所高等院校共 7 万人次在线学习了慕课“创造型思维和创新方法”，并且进行学分修读，对于全国高校产生了非常巨大的影响。

（9）汇聚师资，建设专兼职相结合的国家级教学团队。学校双创学院目前设有双创专职岗位 22 人；聘请研究生、本科生从事双创助教、助管等，每学期 50 人；聘请校外知名企业家、成功校友担任创业导师（创业沙龙、创业指导）70 余人；聘请校内兼职双创教师 126 人，从事课程教学、创业训练；组建双创教育校企协同联盟，包括苹果、英特尔、华为、中软国际等 30 家企业，提供创业基金、项目、导师、驻地导师。团队被评为国家级教学团队（全国唯一创新创业类）。

（10）政策保障，对学生提供全程指导、一站式帮扶。学校每年投入 1000 多万元双创专项经费，支持双创教育基地建设、教学及改革工作，资助学生参加双创竞赛、双创项目训练和实践。学校规定，学生参加双创项目、科技竞赛、课题研究等活动可以被认定为课堂学习，可申请转换为个性发展学分。鼓励条件成熟的在校学生调整学业进程，保留学籍休学创新创业。允许学生跨专业选修其他专业的课程。学校每年投入 50 万元设立双创奖学金。学校每年召开全校双创教育总结表彰会，评选双创标兵、优秀双创团队和优秀指导教师，并给予表彰，对先进事迹进行大力宣传。通过对相关政策的制定，吸引教师投身至创新创业教育中来，在工作量中计入创新创业教育以及创业就业指导工作，同时在专业技术岗位的评聘以及绩效考核时，将之纳入考核内容。对于那些给予学生指导从而让学生在国家级的创新创业竞赛中获得优异成绩的教师予以相对应的奖励。每年安排教师参加省级、国家级的创新创业教育教学的专项培训。建立起对创业进行专职指导的队伍，同时创建包括“大工创客”、创新创业网以及微信平台等在内的创业信息平台，为创新创业设立专项基金，为大学生的创新创业全程提供指导以及一站式服务。

3. 积累经验

（1）构建“2345”双创教育体系（双协同、三融合、四平台、五位一体）。

（2）因材施教，分类培养。开办双创实践班和创新实验班，坚持 20 年，不断完善拔尖双创人才培养模式。开办双创实践班 17 个，创新实验班 4 个；制定了双创实践班、创新实验班培养方案；将双创基础课程列为必修课，使双创与专业课程有机结合；建设了专兼职相结合的双创教师团队——国家级教学团队；建设了国家级双创课程教学资源；坚持创新引领创业，倡导学生做中学、学中思、思中创；建立全开放实验室；建立相应的管理运行机制。

（3）面向全体学生开设双创通识课程，实施大规模大学生双创训练计划，培养学生创新精神、创业意识和创新创业能力。建立“四个一”制度（一名教师、一个项目、一年、至少指导一个学生）。将创新创业教育纳入培养方案，每年有超过 50% 的学生参加大创项目，记 3 学分；建立学校学部（院）两级组织协调委员会；制定《大学生创新创业训练计划实施办法》，编写《大学生创新创业训练计划过程记录册》；制定实验室开放激励机制；制定教师和学生激励机制。

（4）依托研究型大学学科和科研优势，为拔尖创新人才培养构建了八大实施平台。以优势学科和高水平科研为依托，建成了优势与特色专业平台；以公共基础和专业核心课程为重点，建成了精品课程平台；以国家实验教学示范中心为牵引，建成了高水平实验教学平台；以国家和省部级重点实验室为依托，建成了学生科研训练平台；以校院两级创新教育中心为依托，建成了自主开放的创新实践平台；以校企合作共建为突破口，建成了全天候实习实训平台；以大学文化体系建设为核心，建成了文化育人平台；以国内外校际合作为纽带，建成了学生访学交流平台。

第三章 高校创新创业教育的机制及运行

高校创新创业教育作为一种新兴的教育理念贯穿于人才培养的整个过程，在这一理念的运用过程中，要想将实践同理论结合起来，在教育机制的运用上就必然不能固守成规。基于此，本章主要围绕创新创业教育的内在契合机制、高校协同创新创业教育的管理决策机制、高校协同创新创业教育的激励与调控机制以及高校协同创新创业教育机制的有效保障展开论述。

第一节　创新创业教育的内在契合机制

一、创新教育与创业教育的契合条件

创新教育是创业教育的基础。创业教育把培养学生对待陌生事物的应变能力和创新能力作为出发点，致力于培养学生的高创新意识和思维结构，将学生培养成有创新思维和深度思考能力的人。在培养意识的同时，也要传授给学生们知识技能。教育的意义在于教书育人，要向学生传授有实践性的知识技能，提早锻炼学生的就业意识和创业心理，让学生在真正进入社会的时候不至于措手不及。通过创业来提高学生的就业成功率，可以极大地转变学生的就业观，帮助社会维持稳定运行的状态。创新教育的侧重点是对人的总体发展进行把控，更加倾向于对思维的培养；而创业教育则更加侧重于对人的自我价值的实现。

创新教育和创业教育两者有着相同之处和不同之处，是两个辩证统一的教育理念。

两者的目标有着一定的趋同性，目的都是为了培养学生的创新精神和实践技能，总的来说都是为了新时代的需要和社会发展做出努力，是推动新时代发展和教育改革的关键内容。创新创业教育是一个统一完整的教育体系，为了促进创新教育和创业教育的联合统一，需要做出一些努力。

（一）明确定位创新创业教育学科

首先要明确定位创新创业教育学科。想要对一个项目进行评估，首先要对其进行定位，有了一个准确的定位，才能对其进行衡量。创新创业教育是大学教育的一项重要内容，在学科教育中占据着十分重要的地位。但是，在现有的教育中，许多高校并没有把企业管理、技术和经济科技等创新创业教育纳入教育范围当中，并没有将这一项教育工作重视起来，这就造成了一些教育环节缺失的后果。创新创业教育的发展遇到了瓶颈，若不好好解决就容易被越来越边缘化。

大学生在创新创业教育中表现出来的“学生老板”情况很普遍。一个个“学生老板”是在大学生创业教育活动开展过程中逐渐形成的，这是一种不符合可持续发展的现象，无法满足经济发展中的供求关系。美国有教授曾经指出，高校的创业教育与生活上单纯为了经济问题的就业培训不同，不应该是快速让他们当老板，而是要着眼于“人才的可持续发展”。

在大多数人看来，创新创业教育关键在于技术创新的教育。在自主创新的热潮推动下，我国许多高等院校已经开始重视新型高技术人才的培养和教育。在对大学生进行创业教育的同时，势必会联想到技术创新和高新技术的问题，但往往被忽视的是社会创新方面。科教兴国战略需要技术创新的推动，高校大学生在把握市场动向时，不仅需要掌握技术创新，还要及时更新理念，创新思想，顺应时代潮流。

（二）认同创新创业教育

1. 创新创业教育覆盖面较窄

从目前的形势来看，已经有一部分学生在高校组织的创新创业教育活动教育中取得了一些收获，但仍有大部分学生并未在这一活动中收获经验，这也就难以形成创新创业教育的热潮。在高校组织的创业教育活动中，学生们的创业成绩是学校所关注的重点。但这些活动并非高校中的所有学生都参与进来的，只是少数人的活动，如若没有掌控好竞赛的程度，会产生两极分化的现象：参与的学生提高了自己的技术能力，不参与的学生拉大了与精英学生的差距，成了事件的旁观者。学校所设立的大赛与团队都是有着较高的门槛，需要一些有能力和技术基础的学生才能参与，而大多数学生会因为能力不足或其他原因而被排除在这些组织之外。

2. 创新创业教育认识不清

大学生作为社会创新创业中的主力军，相比社会中的其他人员拥有更多的专业知识，但在创业过程中往往会出现创新创业经验不足的情况，并且由于大学生刚刚步入社会，人际关系协调能力较弱，抗压能力也不强，容易在心理上受到严重的打击和伤害。所以，心理素质较差的学生在毕业之后最好不要选择自主创业，因其较容易面临失败。换言之，虽然不是心理素质较好的学生去创业就能够成功，但他们会比心理素质较差的学生的成功概率更大。

可以看出，高校对学生的创新创业教育更多的是应该面向全体学生的，而不应该发展为精英教育，只让小部分学生参与其中。

（三）完善创新创业教育政策

近年来，各级行政机关和教育机关都相继出台了扶持大学生创业的优惠政策，并为他们提供了有力保障。然而经过斟酌损益，还是能发现现行政策存在着这样或那样的问题。

大学生创业作为促进社会发展的一部分，应该得到相应政策的支持和保障。这是一项系统性的工作，对待这项工作，不能只关注一方面，而需要多方考虑，需要全社会的帮助，也需要政府进行干预，因为一些与之相关的系统，还缺乏一些相应的政策。虽然我国对大学生创业也给予了极大的关注，但毕业生在创业时仍会遇到许多意想不到的问题，创业环境也过于艰辛。而这些问题的存在，也必然会沉重地打击到大学生的创业积极性。

政策的执行力度不强。在大学生创业这个国家发展战略上，政府虽然出台了很多支持鼓励政策，大力支持和扶持大学生创业，但具体落实到地方政府层面及有关单位，甚至在高校内部有些政策都没有得到严格的贯彻执行。原因当然是多方面的，其中最重要的一点就是各级主管部门对支持大学生创业这个国家战略认识不足，也没有去认真学习国家的创业政策，更不能领会其意，进而制定相应的政策来完善与跟进了。

创业就意味着开创新的事业，需要具备足够的勇气与胆识。但由于我国高校长期以来教学采用的还是传统模式，即老师教、学生学，各级政府和各个高校也是把就业和守业作为培养人才的目标，而忽略了对大学生创新创业能力的培养。

纵观社会现实，一些高校培养出来的高级人才毕业却不敢去创业，顾虑很多，即便政府提供再好的创业政策，还是不敢去尝试。分析原因就是他们缺乏对市场的敏感度以及勇气与决心，更缺乏开拓创新的勇气和胆量。

（四）基于社会实业界实现创新创业教育契合

由于创业存在一定风险，特别是在创业初期，很可能要面临许多困难、各种考验，大学生刚出校门，社会阅历尚浅，处事经验不足，所以创业面临很大风险。再者，目前针对大学生创业的社会环境也不够良好，虽然对创新创业的教育理念宣传很广，但缺乏有效引导，同时各级政府对大学生创业的经济环境也没有给予足够的重视与支持。创业资金的来源是一个需要解决的问题，中小企业在获得资金的方式上有所受限，社会对中小企业的资金优惠也较少。创业光有吃苦耐劳的精神是远远不够的，还要有勇挑重担、抗压受挫、开拓创新、承担风险的奋斗精神，当代大学生中的大部分人在这些方面还是有所欠缺的，需要契合社会实业企业现实进行创新创业教育。

二、创新教育与创业教育的内在契合路径

想要改善高校教育现阶段的困境，需要制定合适的路径和目标。要首先确定发展的目标，再寻找与之相适合的路径，其目的是为了提高学生的创新能力和综合素质。高校要想形成行之有效的创新创业教育路径，需要从学校、各级政府、大学生自身三方面入手，将这些因素完美地结合形成一股合力。只有这三方面有力结合，互相沟通、协调，形成合作力量，才能更好地完成目标。当然高校的创新创业教育不是让每个学生都去创业，而是因材施教，鼓励那些有创新创业精神的大学生敢于尝试、勇于尝试，积极投身于创业中。同时培养大学生具备创新精神对他们以后的人生道路也是有益处

的，即使不去创业，而是去就业，具有这种素质的人也会在其工作岗位上很快崭露头角，成为主力。现在的大学生就是国家未来的接班人，是祖国未来的希望，是各个行业未来的领军人物，因此，培养具有创新创业意识的大学生对我国社会与经济的发展具有重要意义。

由此可见，高校和各级政府一定要制定全方位的战略目标，改变高校培养就业性人才的惯性，转而培养具有创新精神能自主创业的新型人才。教育是需要同时代结合的，高校管理层必须率先转变思路；高校教师也需要树立创新观念，转变固有的教学模式和内容；政府和社会要对创新创业教育进行支持，提供尽可能的保障，使学生意识到就业不是自己上大学的唯一目的，还要加强自身的创新意识和创业思想。

（一）转变教育理念

1. 以培养全面发展的创新创业人才为目标

高校的人才培养呈典型的金字塔形状，其主要原因在于我国高校往往都热衷于培养高端人才，把大部分精力都用在培养金字塔尖的人才上。但从社会就业实际来看，一般企业所需人才往往都是以金字塔中底部的人才为主，所需岗位也都是一线工人居多，所以出现了就业岗位与实际培养的人才不匹配的现状。由于长久以来大多数高校都不注重对学生的开拓创新精神和为人处事方面的培养，更没有实训和操练，轻视创业型人才的培养，而是偏重于研究型和被动就业型人才的培养，致使培养出来的大学生动手能力弱，缺乏创新精神，不愿冒风险，不敢去创业，缺乏斗志与奋斗精神，走上社会后为人处世的能力也不足，到用人单位也会形成一种比较尴尬的局面。

通常解决以上困境的方法就是让刚毕业的大学生先到基层岗位历练一段时间，锻炼一下意志力，经受一些磨炼，为以后走上更重要的工作岗位打好基础。而准备在毕业之后选择自主创业的学生，更需要在工作中从底层开始尝试，从最基础的工作中吸取工作经验，增强自身在工作中的实践能力和动手能力。经过了一系列的实践、认识之后，大学生才能打好创新创业的基础，坚定自主创业的决心。大学生在创新创业的过程中，可以及时调整自己的心态，提高自己的心理承受能力，努力进行创新创业的各种尝试。在创业活动中，大学生还可以积累一定的经验，丰富自己的见识，拓宽自己的人脉，从而提高创业成功的概率。

一个优秀的具有创业精神的人才必须具备的条件，除了最基本的知识及技能外，还要有积极乐观、勇于向上的拼搏精神，自信的心态，顽强的意志，勇往直前的干劲，坚定的决心等。高校培养这种人才需要从三个方面着手：首先要以人为本，强调人的主观能动性，深挖每个学生的潜能；其次是培养学生的综合能力，把每个学生都培养成复合型的、全面发展的社会新人；最后以培养学生的开创能力为主导，培养学生的事业心、进取心，多鼓励那些有创新创业意识的学生，并对他们这种意识加以引导和扶持。

高校的培养目标要着眼于基层，以人才市场提供的大部分就业岗位为参考，多培养金字塔中底部的实用型人才，把这些人才打造成敬业爱岗、诚实守信、勇于创新、敢于开创并且专业理论知识也学得好、外语流利、信息技术掌握熟练、在为人处事方面也具备相当经验的创新创业人才。新时期的大学就应该重视对学生基础知识的教育，拓宽口径，提高素质，善于创新，以培养能够自主创业、有个性有特色的人才为新的目标方向，着力建设一批高质量高素质的新型高校。

2. 明确创新创业人才的知识结构与能力结构

创新创业人才具有独特的知识结构，比如相关的专业性知识、综合性知识和经营管理的能力，而这些知识是大学生将来参与工作或者从事创业活动所必须具备的知识。具备了这些知识，可以让经营者在企业的组织管理活动中更得心应手。综合性知识是其以后走上社会、发展社会关系、处理各种事情的需要，包括行政管理法规，国家制定的政策，工商管理、金融、税务、保险、人际关系及公共关系等方面的知识。与经营管理能力以及综合能力一样，创新创业知识是基础性的知识，而综合性知识和经营管理知识则是属于较高层面的知识，必须将这些知识理解透彻，熟练运用，才能在创业过程中将资源合理配置，运筹帷幄。而多层面的知识，必须要综合使用，才能发挥出知识指导的最大作用。

创新创业人才必须要具备专业能力、职业能力、经营管理能力和综合能力。专业知识能够帮助一个人在某一特定行业中提升职业技能，并且这种专业技能在就业工作过程中的作用是不可替代的，发挥着关键的作用。为解决大学生就业难这一问题，可以从提高大学生的就业能力入手。较强的就业能力可以提升个人在创业活动中的自我存在和自我发展的能力，可以应对社会创业活动中存在的一些问题，与此同时还能为自己未来的发展提供一定的竞争筹码，赢得更多的创业和就业机会，从而缓解就业带来的巨大压力。大学生在创业的过程中，可以尽可能地将自己的职业发展方向与个人兴趣相结合，充分发挥自己的优势，这样才有更大的动力达到自己所设定的目标，从而最大限度地实现自己的价值。

3. 改革高校封闭式人才培养模式

高校封闭式人才培养管理模式的缺点比较明显，即缺少与外界交流，缺乏对行业企业的深入了解，不了解用人单位到底需要怎样的人才，以及学生职业知识技能的实际需要，通常按固有的模式盲目地进行专业课程的设计，在教学模式上，还是采用传统的老师在上面教、学生在下面学的“填鸭式”教学。这种完全脱离社会实际的培养人才模式和社会对拥有创新创业意识的新型人才的需求大相径庭，和新形势下新的办学模式极不相符。以后高校要实行“开放式”教学模式，改变以前的封闭状态。

所谓的“开放式”教学，就是让高校打开校门办学。首先学校应坚持对外开放，与其他同行和社会各界加强沟通交流和合作，吸取众家之长，形成一种综合教育的合力，为培养新时代的创新创业型人才服务；其次，高校自身内部各院系之间、教职工之间、师生之间，也要加强沟通与交流合作，实现高校内部的开放。

在全球经济与科学技术以及教育竞争愈发激烈的时期，在我国社会主义市场经济体制变革和发展时期，我国高校要有市场观念，办学理念应和实际需求相符，放眼国际、放眼未来，理论联系实际，冲破守旧的壁垒，用开放的眼光实行“开放式”办学，为高校提高国际竞争力树立新的办学理念。

大学生对创业的理解，往往还仅仅是一个模糊的概念。许多大学生在设计自己的创业计划书时，渴望通过一个美好的概念和新奇的观点就获得投资。这样的事情虽说有过先例，但非常稀少，并不能够把它当作普遍现象来看待，甚至就目前的社会现实情况而言，这样的现象已经不复存在了。因为就投资人而言，他们现在看重的是创业计划的可执行性和技术含量的高低程度，以及将产品投放到市场上之后会有多大的升值空间和发展潜力，而不是简单的创意。因此，面对这些问题，大学生需要制定一系列完整的实施计划和方案。

因此，各高校要构建以学生为主体的教学模式，改变传统的教师讲课、学生听课的传统模式，只有让学生参与到课堂中来，参与度足够高，才能够让其有体验感和参与感，才能够调动学生的创新意识和创业能力。

（二）利用校内多元渠道

构建以创新创业为核心的课程体系，目的是为了培养更多具有创新意识，能够自己创业，能够独立参与工作生活，以及能够将社交、管理处理得游刃有余的专业性人才。为了达到创新创业教育有更多发展机会的目的，就要从更多角度更加客观地去认识创新创业教育的意义，进而发挥其对社会的推动作用。对创新创业教育的构建必须要符合社会需求，符合国家教育国情才能够稳固。

创新创业教育有着四个核心内容：第一，创业理论。在有着充足的理论基础的前提下再开展创业活动，能够加大成功的概率。要对整个创业活动进行研究和分析，通过学习把握创业过程中的规律。第二是创新意识。有创新意识才能创业，创新贯穿了整个创业过程的始终，也是创业的核心之处。第三是创业精神。在创业过程中，困难和挫折是不可避免的，这就要求创业者要有坚定的信念和精神。只有拥有强大的心理素质，才能成功创业。第四是创业技能。创业者在创业过程中要具备一定的实践能力，否则将会是纸上谈兵，无法成功。以上四点构成了创新创业教育的基本框架，而且这四个要素相互联系，缺一不可。对于有创业想法的人而言，如果能够接受相应的创新创业教育，那么对于整个社会创业局面的发展就会有推动作用，可以避免一些不必要的失败，可以让创业者能够更加快速地踏上成功之路，也可以充分调动创业者的创业技巧。对于创新创业教育课程的改革，必须要遵循理论同实践相结合的原则，要注重将各学科充分融合运用。从目前创新教育发展状况来看，到目前为止，中国的创新教育已经在高校中获得了一定的关注度。这种创新教育不是狭义的“小发明、小创造教育”，而是开发和保护学生的好奇心与创造意识，培养学生的创新精神和科学精神，可以为以后实现世界观、人生观、价值观奠定基础。

大学生是发展最快的可塑之才，如果能够锻造创新思维的话，那么整个国家青年的平均素质都会得到有效提升。社会上有人也曾讨论到：中国的青年缺乏创新意识。那如果没有创新思维的教育，又从何谈起提高创新意识？

1. 加强产学研三方合作教育

创新创业课程是一项社会实践课程，它的性质就规定了这项课程的发展需要依靠一些外界的社会力量进行干预，仅仅通过高校自身的封闭教育是行不通的。要同社会上的优秀企业和事业单位进行合作，构建创新创业平台，这一实践方法的成效已经从国外的高校实践中有所体现。实现创新创业教育，要集生产、学习、科研于一体，不是简单地对学生进行知识的灌输，而且要给学生的实践提供机会和场所。高校将生产、学习、科研纳入课程范围内，是未来的教育走向，是社会对于创新教育的需求，是创新创业教育改革的一大关键要素。具有独立创新的意识，是国家屹立于世界民族之林的重要原因，如果缺乏创新性，不管是团体还是国家都会停滞不前。大学生作为社会中最具有活力的群体，如果其本身缺乏创造欲望，那对国家来讲是极大的、不可挽回的损失，国家将失去发展的源泉和动力。因此，要提高学生的创新创业精神和创业能力，为国家的创新发展提供不竭的支持和动力。

在进行实践活动的同时，高校应当多邀请创业成功的企业家，或是学生的学长前辈到高校中给学生们演讲，传授经验。也可聘请成功人士为校内教授，这样有助于学生和其进行更有效的沟通，使其能够更加及时和准确地为学生提供创业信息和学习指导。可以将创业成功者所熟悉的领域作为开发创新点，交给学生进行开发，这样既可以调动学生的积极性，也可以提升企业的创新活力，学生也可以通过这种方法获取一定的利益，一举多得。这一活动既密切了学生和企业家之间的关系，也为步入社会的学生提供了一笔巨大的财富。

2. 深化创新创业教育教学改革

创业教育的改革除了体现在内容方面，还有对形式的改革。创业教育同传统的就业教育有所不同，所以高校在借鉴学习国外高校的创新教育经验的同时，也要对学科进行教育创新。对创新创业教育的改革要进一步深化，要建立一个适合中国国情的创新创业教育。在开展教学实践的同时，不仅仅要建设行业和专业的课程，还要丰富创新创业教育的知识结构，拓展学生的知识面，让学生有自己的学习方法和知识框架，使学生可以根据自身的学习情况，选择自己所需要的知识和课程。在打牢基础的前提下，也要借鉴和吸收国外高校的成功经验，让学生们在创新创业教育中能够学习到一些真正有益的知识和内容。

国外高校的教学模式，是以短期讲学的方式上课，经常会邀请一些业界具有丰富实践经验的知名人士参与大学生的创新创业教育项目。他们的授课使学生学到了很多在课堂上学不到的知识，也为学校的创新创业教育提供了独有的思维模式，注入了新鲜的血液，对课堂内容的丰盛大有裨益。国外的高校创新创业教育在教学形式上，除传统的教授讲课外，更鼓励采用小组讨论、让学生进行角色扮演、典型案例分析以及进行一些商业游戏、邀请企业家开座谈会等方式来活跃课堂气氛，使学生可以更直观更生动地学习到优秀企业家的创业精神、方法和过程。

除了课堂上的知识教育外，还需要进行课外实践活动，通过具体的创业案例来进行实践教学。可以定期举行就业创业大赛，或是邀请相关的专家开展访谈交流，通过比赛激发学生的创业热情，增进学生间的交流，为学校的教育注入色彩。同时可以增加学生同专家面对面交流的机会，比如开展对话交流论坛、讲座等。

除此之外，学校还可以举办多种多样的创业实践活动。比如把学校刊物的编辑工作交给学生来完成，让学生们发挥自己的创意；将校内的大型活动交给学生设计与组织；开设学生社团，让学生提早适应组织机构，由学生自己对社团进行管理和组织；开展法律实践和金融实践的模拟，对科研进行探讨和交流等，让不同院系、不同专业的学生都参与到项目中，为学生未来进入社会创业实践积累更多的实践经验。高校要引导学生积极参与到策划中来，开发学生独立思考的能力和创新意识。

3. 搭建创业实践平台

创新创业教育在某种程度上来说是对全面发展型人才的进一步提高和促进，是对培养此类人才思路的进一步拓展和延伸。创新创业教育是一种要用于实践的教育，所以单单是靠在课堂上对学生进行创业理论知识传授和邀请成功企业家入校对学生进行演讲教育是完全不够的，这些方法与手段并不能够完全激发学生的创业意识。从某种意义上讲，创新创业教育更重要的是让学生在实践当中有所体会、有所感悟，能够获得真正的行动与知识的体验。针对这一观点，学校在对学生进行创新创业教育的时候，应当注重尽可能多地给学生提供创业实践的支持，要充分发挥学校的知识和管理服务功能。要增强校企合作，给学生提供更多的实习与实践锻炼机会，可以同一些企业进行深度合作，同事业单位进行广泛合作，多多鼓励学生组建自己的创业团队，为学生创业提供一个更好的环境。同时，学校可以多组织创业竞赛活动，让更多的学生们有更多的机会参与进来，从而可以增强学生的就业创业参与意识，进一步提高就业创业的发展速度，增强学生的创业能力。

（三）优化校外环境

如果只通过高校本身来贯彻落实创新创业教育是完全不够的，校外环境以及社会支持同样是必不可少的。尤其是政府部门应当充分发挥领导作用，全面配合落实创新创业教育政策。对于学校而言，校方应当在政府部门帮助下合理运用市场机制。对政府部门而言，其所发挥的作用在整个创新创业教育过程中是不可小觑的。首先，政府部门具有一定的管理权力，有权采取一定的措施来促进社会的和谐稳定发展，也可以对部分社会现象进行引导。其次，在公共权利的拥有问题上，政府部门具有绝对权。在实际生活中，政府部门对于各大高校的众多方面都会进行一定的干预，其中就包括大学生的就业问题，但这种干预并不一定都是有利因素。总体来说，政府与高校二者密切相关、相辅相成、相互促进，因此政府在落实高校创新创业教育相关政策时应当从以下几个方面入手。

1. 落实与完善国家创新创业的政策

随着时代的发展与技术的不断进步，党和政府高度重视并提倡全民创业，将创新创业提升到国家战略的高度。为了响应国家的号召，各个地方的政府部门都出台了有关创新创业的政策并给予了相应的指导，更多的鼓励优惠政策也在不断推出。各级地方政府需要加强所提供服务工作的针对性，以切实提升大学生的创新创业能力，服务地方经济社会发展，主要包括以下三个方面。

（1）首先，应当让更多大学生去了解出台的各种创新创业政策，通过免费咨询等方式为大学生答疑解惑。针对有想法的大学生，应当予以充足的肯定并为之提供创业帮助，如减免税收、无息贷款等。为了能够让更多大学生了解创新创业，还需要将整合好的内容装订成册，向大学生发放。

（2）仅让大学生了解政策还远远不够，更重要的是教会他们如何利用相关政策。针对此问题，最好的解决办法就是举办宣讲会，主要围绕创业分析展开论述，为大学生提供更多的思路并使他们深入了解相关政策。

（3）要为大学生争取更多有关就业的优惠政策。政府与教育部门应当对大学生的就业问题进行干预，采取一定的方式方法来培养大学生的创新创业能力。比如可以专门开设创新创业学科并将其纳入必修学分，倡导并鼓励大学生自主创业；如果大学生是以创业为目的的休学，学校可以为其保留学籍。除此之外，政府部门还需要不断优化市场竞争模式，力争为大学生打造良好的就业环境，同时也应当自我规范、自我约束，拒绝一切破坏社会良好创业氛围的行为。

2. 建立政府与社会多元化的融资渠道

高校开展教育活动的经费大多源于政府部门，只有政府部门足够重视高校教育并加大资金投入，高校才能够获得更高的资金支持。政府部门并不是无条件无限度地为高校投入，在投入时也会更加侧重于自身创新能力以及科研能力较强的高校，但总体来说还是遵循公平公正的原则。对于一些不能够很好适应市场经济发展、创新意识较差的高校，国家也普遍予以资金扶持和帮助，主要帮助其中的一些有梦想、有能力的大学生顺利进行自主创业。但只凭借国家号召是不行的，各级政府应当从思想上重视，用实际行动来对创新创业教育事业做出贡献，不断加大对于高校的投资力度。

我们也应该适当学习与借鉴他国经验，为大学生的创新创业设立相应的基金。现如今常见的三种融资渠道有社会募集、贷款、政府扶持。通过多年的不断摸索与经验积累，在筹集资金方面，有以下几种有效途径。

（1）通过担保的方式来获取贴息贷款的资格，担保人一般为学校、企业或政府。对于大学生在创业初期资金不足的问题，申请贴息贷款可以减息让利，因此负担较轻，是大学生不错的选择。

（2）采用信用担保贷款。获得信用担保贷款的大学生一般在校表现优异。由于校方与企业具有合作关系，高校可以直接将品学兼优的大学生推荐给企业，同时学校的评选结果也就可以作为大学生信用良好的有利凭证，帮助其向银行提出信用担保贷款的申请。

（3）建设高新创新创业园区。主要是面向有理想、想创业的大学生，为他们提供相对优越的创业环境，同时，通常还专门在园区内设计有创新创业孵化器。甚至有的地方政策支持学生向政府提出园区转换申请，将高新技术开发区转变为适合大学生创业的创业园区，政府应适当降低门槛并且尽可能不收取额外费用。在资金问题上，政府部门应当予以更多帮助，如减免税收、免费办理相关手续等，充分肯定并鼓励大学生开展创新创业活动。

3. 给予高校更多的办学自主权

纵观我国社会发展，政府部门在管理与调控高校建设发展的过程中，总是将人民的利益放在首位，贯彻落实以人为本的科学发展观。为了有效避免政府干预办学自主权以及管理与限制高校内部的现象发生，政府部门不能参与高校办学自主权的商议与管理，高校在办学方面具有高度的自主权，政府部门不宜在学术界行使行政方面的权力，而主要是对高校的发展起着宏观调控以及一定的推动作用。

总体来说，政府部门主要是完成思想引领、宏观调控、整体规划、资金支持、教育教学评价等任务，一般不干涉高校办学的自主性。将上述提到的任务高效率完成，就可以推动高校办学自主权与国家所有权的有机结合。给予高校更多的办学自主权，才能使高校能够按照国家法律规定，合理合法地对学校教育与发展实施自主管理。这实际上对于政府部门自身的治理能力提升而言也十分有利，其可以在法律规定的范围内监督与管理高校的活动，而不是简单地用行政手段干涉高校发展。不难看出，尽管高校发展具备高度的自主权，但与政府部门的职能还是密不可分的。高校若想真正实现办学自主权，具体来说就是招生办法权、费用制定权以及学校开设专业的自主权，实质上更多地需要从调整政府职能出发，实现高校依法办学。

4. 完善政府服务体系

就当前形势而言，我国的政府服务体系与众多发达国家相比仍存在较大差距。为了更好地完善政府服务体系，各级政府应当从所涉及的各个环节入手。下面从六个方面展开论述。

（1）向广大社会发布创业信息。发布创业信息的渠道众多，可以借助报纸、网络、媒体报道等，为大学生提供最新的创业信息与发展趋势，政府部门也可以为大学生提供免费的创业咨询服务。

（2）建立相关的创业项目负责机制。即由行政管理部门接手，主要针对教师进行专业化的指导培训，还需要跟进项目并予以一定的指导。

（3）创建“大学生创业超市”。所谓“大学生创业超市”只是很形象的比喻，具体是指将有关创业的信息整合好，供大学生选择并使用，主要目的是提供资料、资源共享。

（4）成立专门针对大学生的法律援助中心。创业过程中实际上会涉及众多法律问题，因此为大学生提供法律援助不可或缺，尤其是提供免费的法律咨询至关重要。

（5）完善大学生创业者就业创业联合会议制度。创新创业联合会议作为研究、分析与指导大学生创业的重要会议，每年由政府组织召开，主要是为了解决大学生所遇到的创业难题。

（6）制定奖惩政策。政府部门拥有众多社会资源，应当合理运用手中的资源，为大学生谋求更多就业机会。除此之外，政府部门还需要不断完善大学生创业服务，充分利用社会中的优良资源，帮助大学生顺利创业。政府与高校是相辅相成、相互促进、相互影响的，因此如何处理二者关系成为关注的焦点。纵观教育事业的整体发展，不难看出二者所承担的义务不可互换，因此二者的工作应当适当融合。应当适当转变政府的职能，逐步提升高校办学自主权，避免出现政府部门对于学校教育教学包揽的现象。政府部门应结合国家发展和社会现实情况做好宏观调控与管理工作，真正使高等院校向和谐稳定、专业化方向迈进。

（四）提高大学生自身素质

创新创业能力的形成是相对漫长的过程，在这一过程中，需要不断地积累经验，再加上自身不断努力才能够有所提升。对于高校而言，各大高校应当重视并加强对学生创意创业能力的培养。

1. 进行心理障碍辅导

一些外在条件看似是阻碍大学生前进的主要因素，但实际上，大多数学生所遇到的都是心理问题，他们内心缺乏坚定的信念并且对创新有潜在的恐惧，具体来说是缺乏自信心，对自己缺乏信任。若想让这一问题得以解决，学校有必要将心理疏导带入课堂，着重培养学生的自信心与自我认同感。当然，教师只能起到疏导的作用，关键还在于大学生自身的调节能力，自身要转变心态，日常里与同学或老师及时沟通，逐步培养自己的自信心。

在创新创业的组成成员中，大学生占据很大比例，无论是拼搏精神、思维能力、创新意识，都体现出当代大学生非凡的风采，也是大学生不断努力、超越自我的集中体现。

人的潜力是无限的，而一个人的一生所被激发出的潜能只有很少一部分。创业的实际操作性很强，并不是掌握完善的创业理论的人就能够成功创业，只不过当代大学生具有更多的机遇以及更好的创业平台。

2. 培养自主学习能力

自主学习是与传统的被动接受学习相对的现代化学习方式，即学生通过独立分析、探索、实践以实现学习目标。自主学习能力主要有以下三大特点。

第一，自主性。自主性指的是个体生命不是在被强迫着去学习，而是知道学习的重要性，能够自觉且自愿地去学习。

第二，能动性。所谓能动性是指个体能够自主并富有创造性地开展学习，不仅仅是单纯地被输入知识，而是自身不断吸收与消化，将其转化成为潜在的能量。

第三，创造性。人之所以需要不断学习，就是为了能够学习新思维、新方法、新知识，顺应时代的发展，紧跟时代步伐，从而满足社会和个人发展需要，进而立足于社会之中。在知识不断更新的时代中，大学生必须掌握自主学习能力，在日常的学习与生活中，不断激发自身的创造力，真正做到热爱学习，热爱生活。通过不断的学习，来掌握方方面面的知识，不断提升自我、完善自我并培养自身的创新意识。

总体来说，具有自主学习能力并能够创造性地学习是对当代大学生提出的基本要求。不仅对于个人，对于组织也是一样。具有自主学习能力以及创新能力的组织，必然会取得成功。之所以会取得成功，是因为组织也需要顺应时代的发展，因此学习不可停歇，并且还要求能够在短时间内高效学习，才能获取最新知识。优秀的组织必然是学习型的组织，只有这样，成员才能不断进步，进而充分调动大家的积极性。组织只有不断向前，才能够掌握新技术、新本领，才能够更好地推动成员的创新，最终取得成功。

3. 积极参加校内创业活动

对于大学生而言，他们的校园文化生活丰富多彩，留给自己支配的时间很多，因此大学生应当积极参加校内创业活动。校内创业不仅为校园文化增添了亮丽的色彩，并且还为大学生提供了良好的平台，为他们增添了宝贵的财富。在创业过程中最核心的则是创业精神，与同学、老师共同努力，不断突破与取得成绩的过程必然会令人终生难忘，在创业过程中所形成的锲而不舍、不畏艰难、敢闯敢拼的创业精神更会让大学生终身受益。积极参加校内创业活动，在锻炼自我的同时还能实现人生的价值，获得自我认同感，培养自身的创新创业意识，这种培养创新能力的“第二课堂”可以让大学生不断丰富与完善自我，不断获取快乐。除了基于“第一课堂”的理论学习，“第二课堂”为大学生提供了展示自我的平台，他们可以大胆提出想法并递交计划申请，出色的计划还可以用于参加创新创业比赛，可以为学校社团组织贡献自己的一分力量，体现自身的价值。

4. 积极投身社会创业实践活动

实践是检验真理的唯一标准，对于大学生创新创业也一样，创新创业能力的培养离不开创业实践活动。只有积极投身于社会创业实践活动中，大学生才能更好地了解并认识社会，进而更好地适应社会；只有走出校园，不断锻炼自我，大学生才能通过创新实践来不断提升自身的创新创业能力。创业并不能只停留于创意，更重要的是实践。对此，国家十分重视大学生创业也予以一定的相关政策扶持。作为当代理想青年，大学生应当肩负时代重任。大学生应学会合理规划时间，充分利用课外时间进行创业实践，既可以通过市场调研、创业分析、社会需求调查等方式展开，也可以去相关的创业部门工作，深入了解创新创业的来龙去脉，在体验生活的同时还能增长见识。高校在培养学生创新创业能力时，应当引导并鼓励学生积极参加创业实践活动，让更多大学生接触创业，在实践的过程中不断进步与发展。只有学以致用，理论联系实践，才能够紧跟时代步伐，适应社会的发展。

第二节　高校协同创新创业教育的管理决策机制

高校创新创业教育是教育类型中一种崭新的模式，它正处于不断的发展与完善中，所涉及的许多方面都还不成熟完备，因此在其实施过程中，需要根据实际情况来做出相应的调整。高校创新创业教育在运行过程中，会比成熟的教育内容面临更多的挑战与机遇。为了保证其能始终实现实效育人的目标，并且在其运行过程中始终贯穿这一目标，有必要建立健全高效的创新创业管理决策机制。这一机制也是高校创新创业教育可以不断发展运行的关键性内容与核心因素。

一、管理决策主体的关系

高校创新创业教育管理决策机制是由两个主体部分构成的。第一个主体是高校创新创业教育工作领导机构，它大都由高校的行政管理层人员组成；第二个主体是创新创业教育专家委员会，它的成员大部分是创新创业教育研究者或是教育专家。如果想要高效有力地执行管理决策机制，在其构建时就要重点关注高校创新创业教育管理决策机制中一些主体的定位以及决策权力的分配。

高校创新创业教育管理决策机制的两个主体是分工明确、各不相同而且相对独立的。其中，创新创业教育工作领导机构是对创新创业教育的整体把控，相当于首脑的作用。它负责整体规划，全面把控创新创业教育的创业物资、投资经费还有其发展与未来。领导机构的主要职责是对资源整合与分配、经费的投入占比、市场的预期与调研和创新创业教育的整体发展规划进行决策。专家委员会是创新创业教育的具体事务管理者，专门负责教学内容、方法还有教学老师的培训等。总的来说，创新创业教育工作的领导机构重点关注的是未来发展与资源分配等属于宏观范畴的问题，而专家委员会的重点在于理论研究、活动开展、相关培训等微观范畴的问题。

高校创新创业教育工作领导机构和创新创业教育专家委员会二者虽然相互独立，分工也各有侧重，但是两者间也有非常紧密的联系。领导机构整体调控，为专家委员会提供和确定发展方向，为其开展提供政策支持；而专家委员会可以根据教学培训的实际情况为领导机构提供策略建议。同时，领导机构可以通过对高校创新创业教育的整体规划，来有效提高专家委员会的工作成效；而专家委员会则会通过调整研究方向、转变领导机构的管理思路，来提高高校创新创业教育的实现程度。因此，想要使高校创新创业教育工作更加合理、专业、高效，就需要高校创新创业教育工作领导机构与专家委员会协同配合。专家委员会需要为工作领导机构提供科学的建议与理论支持，而专家委员会的发展方向也需要领导机构的正确决策和机制来保障。

高校创新创业教育决策过程包含两个方面：一是党委行政决策，二是学术教学决策。建立高校创新创业教育管理决策机制，需要明确两个方面所涉及的范围、程度、对象，明晰其在决策机制中的作用。首先要保证领导机构能够掌握全局，在整体规划中进行正确的决策，正确确立未来发展方向；同时也要确保专家委员会在培训教学等事务中可以达到最佳的效果，并将结果反馈给领导机构。在决策过程中，两个主体需要合理分工，共同推进高校创新创业教育的发展。

二、管理决策机制的运行

高校创新创业教育管理机制需要有规范的运行程序来确保工作的有序高效进行。而领导机构与专家委员会作为高校创新创业教育管理决策机制的两个重要主体，在其管理决策的运行过程中也起着主要决定作用。

在高校创新创业教育的管理决策运行过程中，领导机构应是具有逻辑性与条理性的。首先领导机构一般会根据教育培养目标，对现有的资源分配等问题进行分析，明确其完善与发展的途径。然后领导机构会为其提供多种决策方案，经过分析比对，确定最终实施方案并且推动方案的实施。在确定决策方案的过程中，领导机构需要根据专家委员会反馈的具体运行结果对决策方案进行整体评估，确定是否继续使用该决策方案。如果该方案存在缺陷，领导机构将对其进行调整与改进。在专家委员会的管理决策运行过程中，领导机构主要是对其决策方向进行总体把握，并且将学校党政对高校创新创业教育的整体规划精神通过培训教学管理来落到实处，贯彻到位。

总的来说，加强高校创新创业教育工作领导的管理决策，可以在宏观上确保其内容和发展方向，符合学生德智体美劳全面发展的需要，也可以适应学校总体规划发展的方向，符合国家社会的经济社会发展需求。而加强专家委员会管理决策，是在微观层面上更加容易形成合理的培训教学方法，从而确保高校创新创业教育的科学发展和高效运行。

三、管理决策机制的原则

要想更好地发展创新创业教育，科学高效地实施推广高校创新创业教育，那么必须构建高校创新创业教育的管理决策机制。因为创新创业教育的实施与教育发展有着相似的目标，因此两者之间必然有着某种内在价值联系。对于高校创新创业教育的构建必须遵守教育的价值规律与原则。

高校创新创业教育的宏观目标是结合国家政治、经济、文化，联系新时代中国特色社会主义教育的实际情况与高校学生全面发展的需要，通过学校教育的层面帮助学生了解创业，培养学生的创业意识与创业能力，让学生获得正确的目标导向与价值观。这种教育可以更好地培养学生，更好地服务于中国特色社会主义教育事业的发展。从微观层面看，高校创新创业的目标是树立正确的创新创业价值观念，提高大学生的创业能力以及创业实践水平。因此，高校创新创业教育管理决策的价值内涵应紧紧围绕宏观与微观相结合的理论体系，构建良好的创新创业教育。构建高校创新创业教育管理决策机制，应遵守以下几点原则。

（一）把握中国特色社会主义的发展方向

高校创新创业教育的目的是培养优秀的创业者，使其服务于中国特色社会主义事业。因此，创新创业教育的决策方向一定要是正确的，一定要是和党和国家的建设发展需要相契合的。在创新创业培训过程中，要使学生树立更好地为中国特色社会主义事业发展做贡献的精神理念。

（二）明确面向广泛学生群体的发展思路

创新创业教育应适应各个领域、各个专业、各种背景的学生的需要。通过创新创业教育，应使他们认识到自己的能力是有价值的，能力的提升对社会来说是更有价值的。创新创业教育应面向广泛的学生群体，开展普遍性教育，为他们树立良好的创新创业意识，提升他们的创新创业能力。

（三）遵循面向社会的实际导向

我国正处于经济转型发展阶段，经济社会转型升级与发展需求要求创新创业教育也要与之相适应，需要对其进行调整，这说明创新创业行业需要以更高的标准来适应社会的转型。高校创新创业教育管理在决策过程中要注意将理论与实际相结合，不能将二者割裂开来。需要将更多资源投入实践性的教学任务和科研环节中，使学生的学习能够做到知行合一，并推动社会转型升级，顺应时代发展的要求。

（四）坚定全面发展的育人目标

人的自由全面发展是马克思主义的最高命题与根本价值，同时也是中国高等教育的终极目标。创新创业教育具有较强的综合性，因此可以从价值理念以及科学管理等层面培养和锻炼学生的综合能力。坚定人才全面发展，并将其作为高校创新创业教育管理决策的核心目标，才能实现全面发展的育人目标与高校创新创业的高效发展。

对于以上高校创新创业教育管理决策机制应当遵循的基本原则，我们应进行深刻的分析与理解，将其扩展提升为高校创新创业教育应遵循的基本原则。创新创业教育与以往的教育内容和模式不一样，是将创新创业理念融入创新创业教学和人才培养的全过程。高校开展创新创业教育也应当遵循以下四个原则。

第一，“全面教育”与“个别教育”相结合的原则。“全面教育”是对创新创业培训者整体的提升，它培养大学生的创新创业意识与创业能力，对创新创业培训者的综合素质进行拔高，完善其对创新创业知识的漏洞，为创新创业学生打造一个完整的知识体系结构与性格品质。“个别教育”是指对少数拥有创新创业潜能的大学生进行的单独的辅导与特殊的教育，从而培养出优秀的创新创业人才。

第二，“全程性”与“分层性”相结合的原则。创新创业教育要想可持续健康发展，必须具备开放性与延续性的特点，其也是终身教育体系的重要构成因素。全程性体现在大学创新创业教育阶段的开放性与延续性。高校需要将创新创业教育的目标与其专业教学体系相结合，更好地培养出素质全面的创新创业人才。高校的创新创业教育在不同的时期应当具有不同的侧重点。在刚进入大学的时期，以提高认知为主，先让学生们充分了解创新创业。所以这一时期应该重点培养创业者的创业意识，让他们掌握相关的基础知识。在学生们具有创新创业意识后，就应当有针对性地开展技能培训教学，并且在创业实践过程中不断提高学生的意志力，培养创业能力与综合素质。对于即将毕业的高校学生，应当重视教育延续性的特点，注重将创新创业与专业发展以及未来工作实践相结合，关注大学生个人成长的需求，实施针对性较强的有重点的创新创业人才培养。想要达到更好地发展创新创业教育这一目标，就需要将高校的创新创业教育落到实处，发挥其最大的作用。

第三，“理论”与“实践”相结合的原则。高校在开展创新创业人才培养计划时，要重点关注将理论与实际相结合。只有将理论与实际相结合，才能培养出现代社会所需要的创新创业高素质人才。因此高校在培养创新创业人才的过程中，不仅需要加强理论课程的教学培养工作，增强学生的创新创业意识，提升学生的创新创业能力，还需要根据创业者的自身特点指导学生开展实践，并且积极号召学生参加有关的创新创业活动，以提升他们的创新创业能力，做到理论与实际相结合。

第四，“开放”与“协同”相结合的原则。高校受到教育资源分配与资源有限等问题的影响，如果想要获取有利于培养创新创业教育人才的优质资源，就应该坚持开放办学并与各部门创立共同创新体制机制，还应该为了培养创新创业人才，专门建立创业协同机制，将各部门的职能步调统一，从而更加高效地促进创新创业教育的长久发展。

四、管理决策机制的对策

从长远的角度来看，转变传统创业教育观念，树立创新创业教育课程理念是十分必要的。首先，高校的领导者必须了解创新创业的内涵，明确创新创业是以完成素质教育的要求为核心的，其目的是为受教育者创造更好的教育条件。同时，还要意识到除了普通型人才的培养外，高校还肩负着为国家培养创新型尖端人才的任务。其次，要清晰地认识完成创新创业目标的途径，意识到要以前瞻性的思维设定理念，并通过培养创新思维能力来实现目标。因此，各高校应以现实为立足点，明确创新创业教育的课程理念，以可持续发展的长远眼光来指导创新创业教育工作实践。

（一）加强创新创业学科建设，明确创新驱动发展要求

在创新创业教育协同机制中，高校处在培养大学生创新创业教育的最主要位置，应发挥出科研、人才、资金等方面的优势，体现创新创业教育主力军的重要功能。除此之外，社会总体发展战略对高校创新创业教育培养也有新的要求，因此，高校应明确自己的地位及任务，在实践工作中积极探索，寻找最佳方式与路径。合理的创新创业教育工作对我国经济发展起着正向作用，由此可见，建立并完善创新创业协同机制，规范大学生创新创业教育势在必行。

大学生人才是高校创新创业教育的重要主体，在人才培养方面，高校应从以下四个方面着手：①制订规划，使人才培养工作有据可依，科学、完整的规划为创新创业教育实践工作的开展提供了保障。②转变观念，在传统观念的基础上，融入创新创业教育理念，并将这一理念运用到实践工作中，做到理论与实践相结合，不断优化调整，寻求最佳方式。③整合资源，重视各方资源，如政府的政策保障体系、企业的资金支

持等，在此基础上不断推进教学与科研改革，完善教育规划，通过资源的合理配置达到激发大学生创新创业潜能与动力的目的。应特别注意的是，在资源整合过程中，一方面要激发学生参与创新创业教育工作的热情，另一方面还应完善教学系统，设立有效的师生双向选择制度，帮助创业者和项目之间实现最优匹配，以发挥出最大的潜力。④提升教学水平。高校应深入研究创新创业教育理论，并积极探索实践内容，要通过设立多层次的创新创业教学内容充实课程体系，积极调动学校师生的积极性，提高他们在创新创业实践活动中的参与度，同时，还可以根据各校具体情况引进更先进的教学资源和师资力量，使本校的创新创业教育水平得到本质性提升。

（二）设计多样化创新创业课程，开展循序渐进式教育模式

设计合理、丰富、多样化的课程，应注意以下几点：①要将创新创业教育与专业教育相结合，对不同专业的学生给予针对性的指导，帮助学生在专业学习中树立创新意识，提升创新创业教育的实效性。②要丰富课程形式，在传统课本的基础上，增加政策性资料和文件，根据高校自身的实际情况，灵活地编写精编教材，为学生提供更加丰富的资源。③集中时间安排实践操作，弥补教学课时的不足，帮助学生拓宽知识渠道，最大限度地获取相关教育资源。④要保障课程教材的实践操作性，便于师资人员参考教材，进行合理的实验准备和人员安排。此外，还可以通过拍摄视频、制作幻灯片等新媒体课程资源建设，将实践中的操作技巧呈现给更多的学生，这样做可以突破教学时间与空间的壁垒，大大提升教学效率。同时，还可以将这些多媒体资源上传到互联网上，方便学生随时进行预习和复习，使学习时间与学习资源的利用实现最大化。

（三）丰富课外创业活动，鼓励学生社团开展活动

在创新创业活动中，学生社团具有得天独厚的便利条件，其自由化的活动方式、多样化的活动内容和以兴趣为导向的活动理念能够将有相同活动意愿的学生聚集在一起，营造良好的交流氛围，激发出学生创新创业的灵感与动力。

（四）构建专业的师资队伍，实现多样化的教学方案

一方面，学校要以本校师资力量为基础，为本校师资团队提供资金支持，帮助教师走出校门，接受更多的培训，吸收更多成功的经验，学习更先进的教学方法；另一方面，学校还可以引进校外的师资力量，直接改善本校教学水平现状。除了建设师资力量外，高校还要在课程建设上下功夫，坚持创新，设计出符合学生兴趣、教学方式灵活、能满足学生实践要求的优质课程，实现本校教育教学的综合提升。

（五）充分利用校外资源

高校具有开放性的特点，因此，可以在培养创新创业人才方面采取校企结合办学的方式，充分发挥外力作用，为学生创造出更多创新创业的实践机会，以达到提升学生创新创业综合能力与素质的目标。

（六）完善师资队伍激励机制

教师是高校教育工作的实践者，教师能否充分发挥其作用直接关系着高校整体教育水平的高低。因此，高校应对优秀的教师予以表彰，满足教师对精神荣誉的追求，激发更多教师的教育积极性；对于不同的教师，特别是对将价值需求放在优先位置的教师，高校应通过设立荣誉职位等方式满足其对人生价值、学生与领导认可以及社会尊重地位的更高追求。此外，高校应以德才兼备为标准建设师资队伍，建立、完善激励制度，鼓励教师充满热情地投入创新创业教育事业中去。

（七）规范创新创业教育主体活动，建立有效的督导机制

督导机制是高校教育教学活动健康开展的重要保障。高校的地位及人才培养任务决定了高校教育工作必须遵守国家法律，符合国家教育发展方针，满足社会发展和受教育者个人成长需要，要尊重教育规律，科学有序开展。督导机制的建立，特别是其“督教”“督学”功能的发挥，能够确保教师工作的规范性，也能端正学生的良好风气，同时，对教育管理的执行者也能起到监督的作用。由此可见，有效的督导机制能够在

保证社会主义办学方向的基础上，使高校形成民主、自由的良好氛围，同时使每一个师生都能够树立主体意识，共同参与到优质高校的建设中去。

第三节　高校协同创新创业教育的激励与调控机制

一、高校协同创新创业教育的激励动力机制

在我国，推动高校创新创业发展的作用力多为依靠政府驱动，同时，在教学设置与校企联合办学中企业的内在需求方面，市场也起着十分重要的作用。因此，高校的创新创业工作在政府驱动的同时，也要参考市场的导向。

高校在创新创业教育体系中处于十分重要的位置，发挥着教学科研、人才培养的重要作用。高校不仅将科学知识传授给学生，还要培养学生的修养与品质，帮助学生树立责任意识，全方位承担起德育的重要责任。同时，高校能够帮助学生培养发现问题、分析问题、解决问题的能力，提升学生在创新创业方面的综合素质。由此可见，对于高校而言，其创新创业教育的动力是内生与外生的结合。因此，可以说高校创新创业教育激励动力机制是一种互动机理，它推动着高校创新创业教育良性运行与实施推广的各内外要素间相互联系与作用的协调发展。

从宏观角度来说，全面育人理念是高校内生动力的来源，而高校的外生动力则来自于政府，政府可以将丰富的政治经济资源通过整合，合理地分配到高校创新创业领域，帮助高校展开理论与实践的科研工作。从微观角度来说，以内生动力而言：高校教师参与创新创业领域的教育教学工作，一方面是其职业发展的必经道路，另一方面也是个人理想的追求体现；而高校学生参与创新创业教育一方面是对未来职业发展的合理规划，另一方面也是自身全面发展的要求之一。以外生动力而言，政府作为我国高等教育最重要的外部推动力，能够为高校提供极其丰富的资源，社会则能够从荣誉感与成就感方面起到积极的推动作用。内生与外生动力各自所起到的作用不同，二者之间具有互相支持、互相作用的紧密关系，它们共同决定着高校创新创业教育发展的价值与未来。

（一）激励动力机制的运作

站在宏观角度上看，政府与社会机构同时作用于高校创新创业教育领域。对于政府而言，社会和经济的持续发展导致对改革的需求迫在眉睫，因此，在深化改革的大背景下，政府对创新创业活动需求的不断增大，对创新创业教育科研与人才培养要求的不断提升，使得政府会推出一系列有力政策引导高校发展创新创业教育，同时也会提供一定的资源予以支持。对于社会来说，我国是发展中国家，发展空间广阔，创业机会众多，社会机构在这一高速发展阶段会具有更多的创业意愿，以此来实现社会责任与自身利益，因此它们对人才的渴望十分强烈，这就促成了社会机构与高校之间的合作关系。这种合作一方面可以使社会机构有更便利的条件引进人才；另一方面可以推动高校创新创业教育教学实践工作的开展，使高校能够通过社会机构的人才需求调整育人方向与专业设置。

创新创业教育是高校在传授专业知识之外独立存在的一种功能，它的核心是培养学生全面自由地发展。目前，在高校的创新创业教育领域中，全面发展的教育理念已经得到广泛认同。高校通过对学生进行价值观、控制力、人际关系等方面的教育，提升学生的综合素质，为我国社会主义接班人的培养打下坚实基础，也从内生角度推动高校创新创业教育的实施发展。

站在微观角度上看，作为高校创新创业教育领域的两大主体，教师和学生参与创新创业教育的内生及外生动力对高校创新创业教育激励动力体制的研究有着十分关键的作用。从教师的角度看，他们是创新创业活动的知识传授者与实践引导者，他们自身对于创新创业教育工作的热情与兴趣，以及对教育目标的认同都促进着创新创业教育及研究工作的发展。而高校对于教师工作的合理安排、对教师工作表现的激励等，都能够帮助教师提高积极性。此外，和谐的文化氛围也会对高校教师的心理产生一定的影响，在一定程度上帮助创新创业教育工作健康开展。从学生的角度看，他们是创新创业的受教育者，他们自身的爱好与兴趣，以及周围环境的积极影响能够提升他们对创新创业教育课程的认同感与学习热情。而高校则可以通过合理安排课程与学分等来等实施激励举措，提高学生在创新创业活动中的参与度。教师与学生作为创新创业教育活动中的两个主体，二者之间具有相互支持的关系：一方面，学生的创新创业需求推动着教师的教学研究工作，另一方面，教师的科研工作对学生参与创新创业教育课程有所影响，两个主体之间和谐有序的关系共同促进了高校创新创业教育的良性运行。

在高校创新创业教育中，激励机制的作用不容忽视，它激发了教师创新科研的积极性，也鼓励着学生参与创新创业活动的热情。对此，高校可以将创新创业教学的实践指导考核指标划入绩效考评之中，并与教师的职务晋升及职称评定相关联，同时，高校也应对教师所取得的具体成果进行奖励，更大地提升教师的工作热情。除了对教师的激励以外，高校还要注重对学生的激励，可通过改革学籍、学分管理制度，为学生创造更加自由自主的创业环境，使学生拥有较大的弹性时间与空间，从而合理安排学习与创新创业活动。同时，高校应为学生创造自主发展的机会，鼓励学生发挥主观能动性，参与创新创业教育竞赛，并对那些在创新创业竞赛中获奖的学生进行奖励。

从考试的角度来看，高校要创新考核方式，以替代无法满足创新创业教育的传统笔试考核方式。传统考试方式能够考查学生的记忆辨析能力，但是无法考查学生的创新意识与综合能力。因此，高校必须建立新的考核机制，以素质为导向，以学生的创新创业参与度及贡献度为评定内容，以综合答辩方式为考核方法，并将创新创业项目的阶段性成果作为标准，充分考查学生在创新创业方面的综合素质，体现出创新创业项目的独特目标。

设置创新创业教育基金也是一项行之有效的举措。通过教育基金，可以完善激励机制，对表现突出的学生及时给予奖励，提升其积极性。同时，还可以尝试将学生参与的课题研究、科研项目实验及创新创业项目等成果转化为相应学分。

在创新创业教育中，高校要与学生协同合作：一方面高校要进行统一领导，保证全员参与；另一方面要推进教育改革，成立工作小组，由校长亲自挂帅。高校应呼吁全校师生积极参与，号召师生以较大的热情投入创新创业项目中，并且加强各主体间的沟通交流，畅通信息通道。另外，在严峻的就业形势下，高校要响应政府号召，增加创新创业竞赛的频率，增大其规模，鼓励学生积极参与，并邀请知名企业家进入校园，分享成功的创业经验。高校要坚决保持与国家政策导向的一致性，严格遵循人才需求目标，为社会培养出高质量的应用技术型人才。

激励动力机制中包括政策激励的协同，它注重政策的可操作性及政策间的关联作用。近年来，政府出台了许多关于高校创新创业教育的政策性文件，但是因为种种原因，包括可操作性不足及执行能力缺失等，相关政策最终没有得到较好的落实。由此可见，各方积极协调配合，共同在政策方面予以支持，才是高校创新创业发展的必要条件。各级政府相关部门应建立多部门间协同合作的机制，以现有政策为基础，进行总结优化，为创新创业教育提供政策上的保障。此外，高校也应出台相应的协同政策，从自身做起，通过加强创新创业师资队伍的建设，组织学生积极参与竞赛，鼓励师生协同创业等方法，整合校内外资源，为创新创业教育工作的开展提供有力的支持。

创新创业政策对于高校毕业生的创业工作而言十分重要，它具有激励、引导、保障等重要功能。政策激励的协同从空间上看是不同主体之间的协同，从时间上看是政策先后的协同，时间与空间的协同共同作用，可以充分实现政策的功能。另外，政府在制定政策时，应充分考虑高校毕业生的特殊性，重视毕业生与其他社会群体间的差异，为毕业生提供有针对性的指导。

在激励机制的作用下，企业可利用技术、资金、渠道优势，并根据自身需要参与到高校的创新创业活动项目中去。企业可参与高校的人才方案规划与制订，与高校达成意向合作，扩大就业机会。还可以在高校内为学生举办分享交流会，为毕业或即将毕业的大学生提供必要的宣传和引导。在企业自身条件允许的情况下，企业还可以为创业的学生提供实践机会，帮助学生积累更多的经验，为其创业发展打下坚实的基础，提供更多的支持。

（二）激励动力机制的原则

从高校的创新创业教育发展方面来看，其动力是来自多方面的，既受师生、学校的影响，也会受到政府的一定影响。所以，我们在对激励动力机制进行建构时，一定要以一定的原则为基准，在保证管理及决策的各方目标统一、能够互相配合的前提下，努力发挥出高校创新创业教育的真实力量。从其内涵和要素特点来看，在建立高校创新创业激励机制时，主要应当遵循以下几个原则。

1. 维护各方动力的动态平衡原则

所谓的对各方的动力进行动态平衡维护，主要包括两方面：其一，保证各方相互适应，要让各方互相配合，共同推动创新创业教育，且程度上也要尽量保持一致；其二，其目标和发展方向要保持一致。之所以要重点关注这两方面，是因为在高校推动创新创业教育时，不同主体的推进动力不同，从寻求最优的角度来讲，并不是动力越强效果就会越好。从宏观来说，如果高校对创新创业教育推进的动力比政府要小，高校创新创业在社会经济发展方面所发挥的作用就会被外界放大，政府和社会也会对此特别关注并强调，这样高校就会迫于行政压力和一些资源渠道的原因而不得不对原来的教育计划进行调整，这对于教育发展自身来说是不利的，而且对于其他的教学课程的进展也会产生一定的影响；相反，如果高校的动力比政府方面更大，高校创新创业在经济方面能够发挥的作用就会被外界过分低估，政府和社会也就不会在意高校的创新创业教育发展，这样就会导致一些资源的配置跟不上课程的需要。

从微观来看，之所以会有动力失衡的情况出现，就是因为师生内外动力的发展不相匹配，在实施创新创业教育时就会产生阻碍，不能顺利推进。通过第二层面的研究，我们可以发现，如果各方对于最终的发展方向和目标的追求不同，哪怕动力强弱是彼此合适的也是没用的，在进行创新创业教育时仍旧不会顺利。从宏观角度看待这个问题会发现，在进行创新创业教学时，高校对于理论性的教学内容会投入更多，而政府和社会机构则更加关注其实践情况，这就导致双方的目标和方向不同，进而造成实际资源配置的不合理、不平衡，最终导致达不到原本预期的高素质人才培养目标。

站在微观的角度来看，如果高校方面能够更加重视提升教学质量和水平的话，教师们就会想方设法提高自己的实际理论教学科研水平。在这种情况下，针对什么样的资源才是与教师相匹配的问题，学校就会制定一套考核评价准则。如果在理论规划方面，教师和学校的目标不一致，那么，创新创业教育相关理论研究的水平和教育质量水平将不能保证，效果可能会大打折扣。与之类似，如果在创新创业教育方面，高校更关注如何激发理念认同，就会导致学生在提升自己的综合素质和创新创业能力方面花费更多精力，而如此就会让学生觉得，此前学校在教育方面进行的一些课程规划和训练规划并不能与自己的实际需求相匹配，从而进一步导致教学资源配置失衡，影响创新创业教育的最终效果。总之，要想保证在创新创业教育的过程中各方的动力能够保持动态平衡，就要走科学发展道路，按照高校创新创业教育的发展规律进行相关设置。不管是从微观出发还是从宏观来看，即使在出发点、关注重点等方面各有不同，高校、师生和政府也应该互相适应、配合，最终形成一种良性协调关系。在推动创新创业教育的发展方面，只要能够确保各方的力量和方向目标始终朝向一致，就能最终达到理想的动态平衡。要想让高校的创新创业教育顺利运行，各方的努力和配合都很重要。要积极协调各方进行动力培育转化，因为精心的培育和转化对于各方动力的发展来说都是十分重要的。

站在宏观的角度，虽然可以使用很多方法对学生进行全面的发展培训，但如果希望将政府的转型升级当作导向动力，并将其与高校的创新创业教育发展充分结合，那么政策引导以及对资源合理配置就十分重要。从微观角度出发，能够提升学生综合素质和进行学生能力开发的方法多种多样，如果希望把高校推进创新创业教育的动力最终转化成学生自己的动力，就一定需要有一个合适的且同时具有显性和隐性的载体，通过这种特定载体的开发培育最终达到动力转化的目的。从创新创业教育的实际情况出发并结合来看：关于隐性的载体，既可以包括对积极参与学校内组织的创新创业文化活动的学生的鼓励、支持，也包括大众方面对于进行创新创业活动的尊重和认同；而显性的动力载体则更加多样，如高校制定的奖惩相关规定、政府推出的一些鼓励政策，还有社会机构针对此项内容提供的一些物质及经费支持等都是显性动力载体。只有做到让各方的动力和不同层面的主体在创新创业教育过程中都能积极主动参与到实际工作，同时合理地引导来自不同层次主体的动力，并加以推动和进一步强化，才能推动高校创新创业教育的实施，并使其达到理想状态。

2. 防止各方动力的异化发展原则

一旦在高校创新创业教育的推动中方向出现偏差或者力度把控不够稳定，或者说对动力的调控不够准确，就很容易发生异化现象。教育变得应试化、工具化就是动力异化的主要表现。在创新创业教育的推进过程中，政府和社会机构会忽略掉教育本身的规律，而对其短期成果过分关注，认为这是进行社会转型升级、提供创业机会的工具，这种现象就是典型的教育工具化。因为这种错误的引导，高校在进行教育培养时就会忽略关于创新理念方面的教育推进，而只重点关注学生在理论方面的学习成绩，这也与全面自由的育人观念相违背。与工具化不同，通过考试这种十分传统的考核方式对学生进行创新创业活动的结果进行有限评估，则是应试化的典型表现。这样做并不能对学生的综合素质和创业认知进行清晰且正确的评估，在一定程度上还会打击学生的热情和积极性。所以，在坚持创新创业教育目标的同时，高校一定要把全面育人的理念贯穿始终，构建起具有特色的课程理论教学方式和科研方式，同时与各方的建议进行有效结合，及时沟通交流，对创新创业教育的本质特点和发展规律进行深刻的认识和总结，以便制订更加合适的培养方案。

（三）激励动力机制的策略

要想高校的创新创业教育协同机制能够顺利运行，达到理想效果，作为决策的主体方，应该对管理方式和方向进行科学合理的规划，对自身及其他主体方的工作任务进行明确。通过上述内容，可以保证所有参与其中的主体方在思想意识和发展的目标方向上保持高度的统一，通力合作，以整体的利益最大化为自己的出发点，进而发挥出己方的最大能力。与此同时，在工作流程和工作行为方面，也要制定好相应的规范，各方在开展工作时要严格以规章准则的要求为标准，高效率地完成自己的工作。同时，奖励机制的制定也是很重要的。在制定奖励相关机制时，要把协作参与和信息的透明共享行为当作主要的标准，这样才能在各方进行项目决策时进行更好的协调，加强彼此之间的交流沟通和了解，同时也能培养出合作者之间的默契，保证机制能够按照公平、公开、公正的原则运行。除此之外，奖励机制对于增强各方的竞争协同意识也起着一定的促进作用，这也对高校的创新创业教育机制整体协同工作效率的提高有良好的促进作用[1]。

要想对高校的创新创业教育协同作用进行提升，最关键的一点就是要对利益分配制度进行完善。对利益分配和实施的机制进行完善，可以提升企业、行业单位在高校创新创业教育方面的参与度，激励它们更加积极地投入其中。第一，应当在高校中建立专项资金，专门用于对高校的教学设施及其他条件进行提升完善，以及作为对校企协调培养机制的支持；第二，要对参与协同培养的企业和导师进行一定的激励补偿，这样能够让企业和导师更加乐于参与进来，同时可以提高他们对高校创新创业教育协同培养的积极性和兴趣度；第三，要对指导教师的考评标准进行改革优化，新的校企合作教育指导教师考评机制应当能够对教师的工作量和教学质量进行科学有效的评价，同时，也要改革晋升机制，使其更加高效，这样才能让指导教师更加重视对学生能力的培养；第四，进行利益分配时，要对各主体的责任进行明确，相应的责任追究机制也要建立起来，这样才能让高校和企业在创新创业教育的协同发展中更好地进行合作。

只有政府、企业、高校互相配合、共同努力，才能保证高校的创新创业教育激励动力机制一直高效运行。只有国家和政府在政策、资金等各方面都进行全方位的支持与扶持，才能为创业营造出良好的环境。在高校的创新创业教育协同机制中，起主导作用的应当是政府，要想对目前高校的创新创业教育激励动力机制进行完善，可以从以下几个方面入手。

(1) 在国家层面，应当制定推出一些保障高校创新创业协同运行的新的政策规定。

---

[1] 沈丹．基于“园区＋高校”协同育人机制的大学生创新创业实践教育研究 [J]．福建茶叶，2019，41（9）：124.

在政策资源的掌握以及计划的制订方面，政府起着主导作用，因此，政府应当对将要参与创新创业教育的企业和高校进行积极的引导。政府作为主导方，要带头制定推出多维度、多方位协同的针对创新创业教育模式的相关激励制度。而在整个多维协同的创新创业教育机制的实际运转过程中，政府只是进行制度创新的主体，高校才是进行路径创新的主体，通过创新制度，能够对创新路径起到一定的推动促进作用。作为能对资源进行调配的一方，政府应该制定出更多的激励政策，为学生创业提供一定的资金保障，减少他们的创业风险，以此推动学生进行创新创业。比如说，政府可以推动制定多维协同的育人制度，加快人才培养体系的建立建设，也可以通过对创新创业课程进行设计规划，充分调动起各方的积极性，让各方主体都能主动参与到创新创业当中。此外，对于如何协调处理好政府、企业、高校三方的关系，政府也要重视起来，可以通过资源配置和管理，积极对三方关系进行协调，从而保证创新创业教育的合作能够顺利进行，达到预期目标。

（2）要建立健全创新创业的相关政策和法律法规，鼓励更多的高校毕业生加入自主创业的队伍。高校可以举办一些创业竞赛，在政府的帮助下，为一些好的、优秀的创业项目提供一定的支持，比如资金、平台等，也可以为更多想创业的学生提供一个交流的机会，这样可以让学生的创业环境更加完善。政府方面，可以针对创新创业项目设立专项基金。要想让创新创业教育更好地运行下去，外部环境的支持至关重要，所以，政府需要对创业的环境进行改善优化，成立创业专项基金，借助自身在技术、财力等方面具备的资源优势，帮助高校更好地进行创业人才的培养，为学生拓宽创业的渠道，对一些高校毕业生成立的创新创业企业进行扶持，以促进其健康发展。站在国家的层面，政府要重点扶持、支持学生开展的一些创业项目，设立创新创业专项基金，学生可以通过申请获得启动资金，以此对学生的创业活动进行支持，此外，也可以针对学业的创业培训设立一定的专项资金对其进行补贴。

（3）在创新创业项目的知识产权方面，要加大保护力度，为创业学生的合法权益提供强有力的保障。因为学生群体对于如何进行无形资产的专业评估普遍缺乏了解，因此，在实际进行创新创业的时候，学生们很容易忽视对于自己创业成果的保护。正是因为这样，在创新创业项目的一些产权发生纠纷的时候，学生的正当权益很容易会受到损害，成为弱势的一方，因此，对高校的创新创业法制环境进行优化，是政府工作的当务之急。从企业角度出发，可以安排一些企业导师深入高校之中，对进行创新创业的学生进行指导，为他们提供一些意见，同时，企业导师也可以成为企业和高校的沟通桥梁，高校可以根据企业产业部门的实际人才需求，对教学科研的规划进行调整，这样在培养创新创业人才时就会更有针对性。高校应当积极主动地与企业开展合作，对校企协同的人才培养模式进行调整完善。

（4）在创新创业教育的前期，主要是产学研的结合，在此基础上，对全面协同育人工作进行进一步推进，将培养的目标方向定在了为经济社会的发展进行服务上。与此同时，通过校企联合培养的这部分创新创业人才，能够对企业和高校的相关教学资源和环境进行充分的利用，将各方的优势融合在自身的发展中，为高校加强和社会及政府间的沟通提供便利，从而对产学研合作教育的主体动力机制进行激发。企业之所以愿意和高校合作，原因有很多，其中市场需求以及通过产学研能够产生的合作收益，是促进校企合作的最直接的外部动力。因为产学研和创新创业的合作为企业带来了相应的收益，增强了企业与高校的合作意向，这就促使企业愿意向其中投入更多的人力、物力，以及为此提供更多的合作经费。借助产学研合作的教育方式，实践能力极强的高素质型的创业人才得以被培养出来；同时，教学课程的规划更加科学，也使得师资队伍向着更高质量不断发展。在这种合作教育的模式下，师生的实践能力和经验都得到了很大的提升。

（5）对高校的学科与产业发展协同机制进行强化。在高校中，学科建设与产业的协同发展除了要进行某一学科的校企对接联合，还要进行跨区域的学科集合的校企对接联动。在一定程度上，这种合作的形式对于产业转型升级是能够起到促进作用的，同样，对于高校进行集群服务的能力和水平也会有一定的提升。要推进实体型的产学研教育合作创新模式的发展。作为高校与企业共同参与建构起来的联合创新实体，产学研结合是一种创新的模式，它的发展由松散逐渐变得紧密。借助这种全新的合作方法，高校不仅能够对智力资源进行更加充分的利用，还能对自身解决问题的能力进行提高，也能为科研创新开发团队提供更好的载体保障。在高校的创新创业教育协同机制中，企业的支撑作用也是必不可少的。在这里，企业不仅仅是技术的应用者，同时也在追求最大的利益，并推动了创新成果的转化。借助创新创业教育，企业可以获得自己所需要的人才、技术甚至利益，从而降低成本，提高收益成效。通过与高校配合，企业可以开展创新创业项目，同时，还可以对人才培养体系计划进行资助，从而在信息反馈方面获得更高的收益回报。在这个过程中，企业将主要需要承担起市场技术拓展、技术供给、科研成果转化等责任。

从高校的角度出发，要想完善创新创业教育激励动力机制，需要注意以下几个方面。

（1）健全创新创业教育课程体系，使课程更加体系化与系统化。对于培养高校学生的创业意识和创业素质方面，创新创业课程发挥了极其重要的作用，所以，高校要对创新创业教育的课程体系进行调整丰富，让其更加系统化、成体系。只有提升改进教学的方式与环节，才能在培养学生的创业技能和创新意识时更加从容高效。实际上，创新创业教育是超越了专业教育界限的。针对这一问题，高校要及时调整转变过去的教学理念，对于基础性的教育要更加重视，要把学科专业的基础教育和创新创业方面的基础教育紧紧联系在一起，同时开展。高校还要注意确定教学进度和教学步骤，积极组织开展一些教学科研实践研究，借助创业导师，给创新创业的学生传授经验，增强他们进行创业的信心和决心。与此同时，在创新创业环境的营造方面，学校也需提高重视程度，好的环境能够更大限度地对学生的创业潜能进行激发，让他们产生创业的想法，并积极投入其中。

（2）按照国际规范，将创新创业教育纳入人才培养计划中。就创新创业人才的培养来说，这项工作是系统且复杂的，需要包括政府、企业以及中介机构等多方面进行协同配合才能有效推进。保证其能够合理高效的运行，不仅对于提升学生的创业知识、技能有显著作用，同时也能推动创新创业教育的深化发展，提升大学生创业的核心竞争力，推动创新型人才的培养，为我国推进人才建设和智库储备提供支持，进而推进建设社会主义和谐社会。

（3）构建科学合理的组织机构。高校进行创新创业教育离不开组织的保障，因此，科学合理的组织机构的建立就显得尤为重要。所谓科学合理的组织机构，就是要遵循一定的原则，即全面覆盖、统一指挥。在学校一级，应当建立起创新创业调控中心，对创新创业教育全过程进行统筹指挥，同时，还要负责对全校的创新创业教师队伍进行培训，合理分配、调度这些师资力量，保证各方主体能够进行合理有效的沟通；在二级学院一级，应当建立创新创业办公室，该办公室应当承担起高校与师生之间的联络中转任务，在其下属机构，应当建立创新创业发展中心及实践部，对创业实践能力进行切实强化，对专业实验室以及训练中心的设施加强建设，通过开展多种形式的教学活动，对学生们的创业热情进行激发，帮助学生提升对自己的认识。

（4）培养高质量的创新创业师资队伍。要想让创新创业教育得到更好的推广，就要重视对师资队伍的建设。要想建设培养一支高质量的师资队伍，就要加强人才的引进和培训。在条件成熟的情况下，可以引进一些创新创业教育专业人才，或聘请校外的专家到学校开设一些相关教学课程，并对校内相关教师的创新能力进行培训，最终建设出一支既有专职教师也有兼职教师，二者相互结合共同授课的高质量的创新创业教师队伍。而对进行创新创业学习的学生来说，首先要做的就是改变原有的就业观，要从思想上先为创业做好准备。创业也是就业的一种形式，且是一种高质量的形式，能够体现出自己的价值。不仅如此，创业的过程是充满未知和不确定性的，这个过程也注定是艰辛的。学生不仅要有很好的人际交往能力，也要有管理决策能力，同时，还应当对自身进行科学且充分的认识和评价，只有这样，才能激发出自身的创业潜力。

二、高校协同创新创业教育的调控机制

在高校创新创业培训的运作过程中，由于多个主体的参与，各方在操作过程中可能会因自身利益、情感、知识的差异而产生行为冲突，从而阻碍创新创业培训的发展，产生一系列的问题和矛盾。要保证其正常运行，就必须实施合理的调控政策。高校创新创业调控机制可以理解为通过设定目标、公平定位、发挥作用来化解工作过程中的矛盾的一种机制。对目标进行及时调整和充分调查是高校创新创业培训监管机制的核心任务。而对行动状态的合理评估，可以确保及时发现行动中的不一致，确保问题能够得到及时、迅速的解决。

（一）调控机制的评估

科学研究、准确评估高校创新创业培训运行中的矛盾，是创新创业培训调控的重要内容，而建立科学公正的事后研究关系是建立监管机制的重要前提。建立调查的评价环节，重点应明确调查评价关系的主体、调查评价关系的对象和内容以及研究评价关系的方式方法这三个内容。

学校的部门多、教育实践活动多，所以要明确调查评估问题，明确责任，并从根本上介入、指导和管理学校领导机构的决策，从而为合理配置资源，促进创新创业培训的有效开展奠定良好的基础。为了提高矛盾解决的有效性，在管理机构和专家委员会两个决策机构中设立业务调查评估部门，这不仅可以提高反馈的有效性，同时也确保了评价组织的尊严，有助于实现两个决策机构的思想价值和观念取向。同时，为了确保反馈信息的客观性，还应在校外建立一个外部调查和评估组织，这是对评估工作

的一个主要补充。这三方的工作在某种程度上是相同的，但重点不同：领导部门负责牵头组织，主要负责整体投资，从宏观层面配置资源用于创新创业培训；而对评估部门负责的专家委员会更注重微观视角，如师生的提案和教育科研的设计与运作；校外估评组织主要以创新创业为目标，保障事业单位整体的高效运作。

与此同时，这种评估环节也会造成学生创业项目的全面分解，我们应该从长远发展的角度来看待学生对于创业的不同选择方向。我们应该详细调查近年来创新创业领域的发展状况，如果我们认为市场已经饱和，就应该从建设性的角度来评估项目的未来发展及发展潜力。这些办法可以为创业大学生提供积极的参考点，确保他们的创新创业项目不落潮，不丧失原有的独特价值。

一个完善的评价过程，需要对主体机构进行定期的综合评价，包括：政府能否充分发挥自身职能，来对各方利益进行协调，落实政策执行情况；公司能否为学生在创新创业领域提供成熟的实践基础；中介机构是否为学生建立了完善的创业体系。对主体进行定期检查，可以及时纠正他们的工作方法，当事人也可以受到监督和提升。

1. 创新创业协同评价机制

创新创业的协同评价机制是有助于提高创新创业效率的培训机制。一是在实践和科学知识评价方法论框架内，建立创新创业评价机制，可以有效评价学校师生，务实地评估教育科研成果，逐步提高实践质量；二是企业与高校共同推进创新创业评价，把创新教育与平时工作奖励挂钩，鼓励企业注重实施创新创业培训。

2. 创新创业教育质量考核评估机制

若要评估创新创业的教育质量，可以观察创新创业教育实施的水平和教育后得到的反馈。创新创业教育的评估能够推动教育价值的提升，同时还可以使学生的创业素质和技能得到提高，使各方主体的协同关系制度得到保证。

企业会在新型考评机制的构建下更积极地参与到高校创新创业教育当中。考评分为外部和内部考评。外部考评主要是上级政府用于测量创新创业教育整体教育质量和水平的工具，舆论会对第三方机构进行监督，同时进行绩效评估。内部考评是以项目执行和资源调配等为基础的，以协同双方为主体进行的绩效评估，在评估前会建立创新创业教育体系在跨界协同关系下的管理制度，对双方的权责进行明确。协同育人的运行过程会在科学有效的评价体系下得到意义上的提高。

高校毕业生创业咨询机构数量、创业扶持制度政策和创新创业法律法规都是创新创业教育协同育人环境考核评价的内容。创新创业教育通过风险投资或教育基金来获取资金，课堂与实践的教学评估包括在协同育人教学水平评估之下。多元教学方法和核心课程规划是课堂教学评估的主要方式，但实践教学不仅仅局限于校内，还用有校外实践，例如实践活动、创新创业竞赛等。在考核评价时，应当设立更加全面有效的内容，评估的内容不应当局限于创新创业教育活动的结果，还要具体监测活动的过程，在评价考核中应当在绩效指标中设立定性与定量研究相结合的教学方式。

育人载体、参与主体、整体效果和投入状况是高校创新创业教育体系中的四个层面。这四个层面也可以作为对教育运行状况进行调查研究的分析数据。为了对创新创业教育中教师与学生的态度进行了解，可以进行一定的访谈交流；另外还要不定期地监测课堂教学形式与内容，及时发现教学的缺陷与不足；深刻分析教育中人力、物力、财力资源的配置；在创新创业培训落实之前，应当切实了解学生的受教育意愿和个人能力与综合素质，同时还要努力加强师资力量。总之，在高校创新创业调控机制中，这四个层面具有十分重要的作用，为了使调查评估环节更加完善，必须将评估体系建立成四位一体的多元化体系，这既可以保证整个过程的具体信息得到有效的运用，并受到评估，同时还能够及时高效地获取反馈信息。

在调查评估时，可以通过合理的访谈纲要对参与主体的课堂主观感受进行了解。在访谈时，采访参与主体的感受和意愿，采访后及时总结采访到的信息。这些评估对象在资源投入和育人载体的层面都是客观存在的，因此，这种客观性也被带入结果当中。调查的标准在调查前应当明确确立，并在评估体系中结合课程内容和经费投入状况，建立更加完善的创新创业教育评估体系。在评估整体成效的环节，为了获取有效的信息数据，可以分段进行主体的认知测量，在对整体的成效进行调查时可从宏观和微观两方面着手。

创业主体和教育的分离是高校创新创业教育中不断发生问题的重要原因。这些矛盾问题若想被解决，就必须在创新创业教育的进程中对学生的立场进行充分考虑，避免单一的教师向学生的互动，而要支持师生的双向互动，使教学创业主体更加多元化，多主体协同发展。应当对各个主体的需求进行分析，建立创新创业教育的利益发展共同体，使多元主体协同发展得以实现。

为了使高校创新创业教育能够顺利进行，政府应当给予相应的制度和政策保障，使供给方面得到落实；高校应当不断升级学校的人才培养模式，在进行课程教学体系与方式的设定时充分考虑学生的个性；教师在进行创新创业教学时，应当与学生进行双向互动，互相学习，共同发展，充分发挥学生的主观能动性；学生要积极参与创新创业相关活动，树立正确的创新创业价值观，提高自身的综合素质；企业要积极参与创新创业活动，充分发挥自己创业教育共同体的职能，提高各个主体参与创新创业活动的积极性。

（二）调控机制的协调

根据高校创新创业培训研究和评估课题的反馈情况，监管机构可以利用这些信息，通过制定政策来协调各方的工作规划，促进创新创业培训业务的优化和升级。监管机构的研究和评估涉及多个部门，跨部门合作的理念将被纳入其中，因此可以从组织和制度两个层面推进高校创新创业培训。

跨部门合作的第一个问题是各方利益的不平衡、目标的不一致，当两个部门的合作和沟通很少，就会影响到整个创新创业培训的效果。因此，必须结合我国高等学校的实际情况建立一个权威的管理机构，提高跨部门合作的管理水平，以消除跨部门合作的障碍，加强不同部门之间的沟通，最终实现团结一致。高校管理者和相关职能部门的参与，不仅可以提高合作管理机构的权威性，也有助于对教育资源的争夺和部门间的沟通，同时也要统一领导机构和部门的意见，推动工作的落实。

跨部门的工作会导致不同部门之间的合作效率低下，容易产生矛盾。因此，为了消除工作职责模糊给合作带来的障碍，可以采取以下几种方式：一是明确合作过程中各部门的职责和权限，通过协商性工作文件和会议等方式使分工制度化，明确工作主体责任；二是加强职责权限难以分开的部门之间的信息交流环节，拓宽信息反馈渠道，缓解工作中出现的矛盾。

科学并且合理的组织架构，可以促进高校创新创业培训监管机制的协调和完善，同时也可以在制度方面做更多的稳固性工作。高校创新创业培训的跨部门合作想要持续、规范，不仅需要规章制度的刚性约束，更需要文化交流的柔性保障。

从刚性要求的角度来看，只通过服务部门之间的口头约定和人际关系的主观因素来协调和改善各部门之间的关系，是很难维持高校创新创业培训的稳定发展的。只有制定合作部门认可的规章制度，用有力的手段加以规范，才会在产生矛盾时保证合作的可靠性和连续性。高校创新创业培训的跨部门正规化体系必须以强制力为保障。作为两个主要决策者，高校创新创业培训领导机构和专家委员会可以根据相关政策领域划分合作制度。由于决策主体缺乏专门性，不能形成一个连贯的体系，在制度标准上可能存在矛盾和冲突，因此有必要制定合作制度体系。鉴此于，对于制度的实施要建立监督机制，首先就是要对于各部门以及教育机构有充分的了解，同时对于合作制度的建立，也要有强有力的手段来保证实施。

在跨部门这件事情上，从柔性的角度来看，共同的价值观和理论信念是文化交流的出发点和连接点，要制定包含共同利益的目标。同时良好的沟通平台以及合作制度，能够加强互相之间的沟通交流。有效的定期对话也是创造良好合作氛围的基础，可以使各部门之间形成默契，加强各部门之间的合作感，形成长期有效的互信感。部门间通过合作交流与互助，为构建共同的文化生态、实现共同的价值目标做出贡献，提高各自的核心力量和凝聚力，从而推动高校创新创业培训长期发展。

第四节　高校协同创新创业教育机制的有效保障

为了保证创新创业有关教学活动的顺利开展，需要建立完善的高校创新创业教育协同机制保障体系。不同于其他形式的教育，创新创业教育旨在促进人的全方位发展并使其符合经济社会发展的需求。创新创业教育是崭新的形式，其实施比较复杂，需要建立成熟的保障体系。作为国家创新体系建设的重要组成部分，高校应协同当地政府、行业、企业深化产教融合，加强校企合作，加快构建创新创业教育保障机制，努力培养创新创业型人才，更好地适应地方经济社会发展的需求。驱动机制是关键，运行机制是核心，保障机制是重点，三方面目标一致、联动配合，共同作用于高校创新创业教育人才培养目标的达成。

为与高效创新创业教育协同机制相适应，保障体系的建立和完善需要容纳以下几点：一是教育队伍保障体系，二是质量管理保障体系，三是制度环境保障体系。

一、教育队伍的有效保障

作为教育体系的顶点，高校教育长期以来一直担负着传播社会文化、培育高等人才、提升社会整体心智的重要使命。而教师作为高校实现其职能的主体，在某种程度上对高校教育的发展与成效产生了决定性的影响。无论是课程创新还是授课内容创新，都要依赖高校教师的能动作用。由此，培养高质量的高校教师人才体系应当成为高校教育质量改革的重要内容，建立能够保障高校教师人才队伍持续发展的培养体系则是维系高校人才不断提升的重要保障。

为了形成吸引人才、留住人才、发展人才的完整机制，必须充分重视人才对环境的各类需求，创造有利于人才发展、生产、生活的综合性体制机制，从而达到发挥人才全部潜力的目标。

（一）构建结构科学合理的专兼职师资队伍

顺利开展创新创业教育的关键点是拥有一支高水平、高质量的教育团队，同时，应开展大学生职业发展教育师资培训活动。

为提高教师团队的整体素质，学校可以建立各类平台帮助教师学习成长，鼓励教师参加培训、学术研讨、教学交流等活动，具体包括：第一，面向全体教学类教师的长期培训，建议以 3 年为一个周期，提升教师的知识结构和教学能力；第二，面向重点教师群体的集中培训，以教学领头人和骨干为对象，进行高质量高水平培训；第三，面向个别老师的高精尖培训，以培养省级、国家级重点教育专家为目标。

此外，建议成立专门的组织活动开展平台——校级师资培训和大学生教育与职业发展中心，致力于教师和学生的共同发展，实现教学研究、管理服务一体化。就教师培训发展方面，成立教师培训发展教研室，负责教师培训活动的组织和开展，教师日常教学工作的有效监督和管理，以及绩效考核。就学生教育和职业发展而言，需要成立大学生创业教育与职业发展教研室，负责大学生创业和职业发展相关的课题研究、课程教学、实践实训等。另外，中心需要通过搭建校企合作、学研一体化平台，促进双向发展。

1. 专职教师的队伍建设

就学校的长期稳定发展而言，必须以专职教师为主体，兼职教师为辅助，不可以本末倒置。高水平的专职教师的人才队伍建设，直接关系到一个学校的办学水平和长期发展。尤其对于民办的高校而言，如何吸引高水平的专职教师，避免人才流失，是其办学发展的当务之急。为此，可以从以下几点出发。

（1）促进创新创业教育学科发展，构建师资培训平台。创新创业教育的目标、教学内容和形式是独立的，因此专职教师团队培训也是单独的。随着如今就业压力越来越大，更多的大学毕业生选择创业，但是创业不是那么容易成功的，每一步都需要“天时、地利、人和”才能取得成功。基于这么多的学生选择创业，高校的创新创业教育人才培养体系就显得尤为重要。由具有创新创业教育研究经验的专家建设创新创业教育学科，不仅可以逐步促进创业教育的发展，提出利于创新创业教育实行的政策建议，而且可以利用强化创新创业教育研究和培训专门教学人员来组织高水平的创新创业教师队伍。

（2）搭建创新创业教育教师进修培训平台。创业所需要的知识包括社会学、政治学、经济学、管理学等多学科知识，因此大学生创新创业教育与社会学、政治学、经济学、管理学等学科以及思想道德教育都相关联，高校要把创新创业教育纳入专业教育和文化素质教育教学计划和学分体系。如何将创新创业教育融入高校人才培养的全过程，就成为高校教育教学关注的重要话题。在开展创新创业教育的初期，可以为教师提供进修培训的机会，让他们参加一定的基础知识理论培训，以充分适应创新创业有关科目的教学要求。为了提高师资研究能力，可以鼓励老师参加国家级的创新创业培训会，地区论坛会、研讨会，选择优秀的老师出国访问学习，感受国外的教育观念和教育方法与国内的不同点；为了丰富教师的创业经历，可以实施“产学研一体化”模式，将理论研究成果带入实际创业过程中，还可以建立学校公司合作项目，让老师参与到经营治理企业中去。

2. 兼职教师的队伍建设

在以专职教师为主体的前提下，还需要重视兼职教师的重要作用，建立兼职教师人才队伍。兼职教师是新时代资源共享、人才共享发展模式在高校教育教学中的集中体现。高校应该建立起一支理论和实践水平一流，了解学校办学宗旨和发展要求，清晰学校历史和学生发展情况、要求的兼职教师人才队伍，并使其成为专职教师教育教学活动的重要补充力量，承担起重要的教学工作，促进高校学生的发展。具体而言，立足大学生创新创业发展需求，高校可以有针对性地吸收以下几类兼职教师：一是其他高校的创新创业教育的专家学者；二是政府创新创业相关部门的工作人员，他们可以就创新创业相关政策与管理现状进行解读；三是创新创业相关公司的行业精英骨干。

发展职业教育应以学生的就业为目标，以服务为展开方式，立足市场需求，重视对学生的理论、实践能力的培养。这一方面既包括对综合能力、职业道德与素质的培养，还包括对专业能力的培养，此外最重要的就是对发展性能力，即创新创业能力的培养。为此，可以结合学生需求、市场发展现状和学校要求及时有效地聘请兼职老师，促进教学资源与社会资源的共享与融合。另一方面，可以以兼职教师为中介，与相关政府部门、高校和企业组织建立合作关系，为学生的实习实践和社会创新创业活动的开展建立良好的平台。

（二）强化创新创业教育的师资建设机制

教师在创新创业教育体系中一直被看作是体系的核心关键，即该教育活动的主体，这在一定程度上是因为教师担负着人才培养的重要任务。同时，教师队伍的整体素质水平在一定程度上可以代表国家或者某一地区的教育水平，能够反映出当地的教育现状。因此，如果教师队伍的相关素质不能够达到较高的水平，那么最终所呈现出来的教育结果就不能够为人民所满意。因此，在创新创业教育活动开展的过程中，教师队伍的质量对该活动是否能够顺利开展起到至关重要的作用。如果要实现创新创业教育活动的顺利开展，就必须组建一支既具备坚实的专业课知识基础，又具备一定创新创业思维的教师队伍，并且其还需要拥有大量的实践经验，从而更好地推进创新创业教学活动的开展。借鉴国内外创新创业活动的经验，并立足于我国创新创业教育活动发展的现状，可以从以下几个方面来推进创新创业教师队伍素质水平的提升。

1. 设定合理的创新创业教师的聘用条件

当前，我国多数高校对于创新创业的教育还不够重视，并没有开设专门的学科课程，这在一定程度上也导致相关专业的教师资源十分稀缺。而目前高校中最常见的创新创业教育教师多半是由主管学生就业的部门的老师以及经管系的老师充当的，也就是说，教授创新创业课程的老师并未受过一定的创新创业培训，所以，其在一定程度上并不能够胜任相关教育活动。因此，在构建创新创业教师资源体系的过程中，一定要选择教学水平高、具备创新思维以及相关实践经验的教师。同时，也可以设立高标准的教室准入规定，在注重理论创新教育的同时，也要将创新实践提到一个更高的层次，既要考察教师的相关思维能力以及专业知识储备，还要考察教师的基本师德素养等方面，从而组建起一支质量高、素养高的教师队伍。

2. 完善创新创业教师的团队结构

首先，学校应该提升对于相关教育活动的重视度，构建起相关教师的培训机制，鼓励教师参加相关培训活动，促使教师获得相关的实践经验，从而打造出一支优秀的创新创业教师队伍；其次，高校应该优化配置学校的专业教师资源，保证创新创业的教师队伍是由不同专业的高质量水平教师组成的，其专业知识之间能相辅相成，从而既保证教师队伍授课结构的科学化，也保证高水平教师的培养。在选拔优秀教师的过程中，高校应该建立起严格的选拔制度，选拔出一支教学水平高、师资素养好的年轻优秀教师队伍。与此同时，也可以培养一批实践经验丰富的兼职队伍，成员可以是成功的创业者、风险投资员、企业职员等。两支队伍相辅相成、互相协作，以此既保证年轻教师队伍创新水平的提高，同时也能够保证学生获得相应的实践经验，全面提升创新创业教育水平。

3. 构建系统的创新创业教育师资培训制度

优秀的教师队伍是创新创业教育活动顺利开展的先决条件，而组建一支优秀的教师队伍的唯一方法就是挑选和培训优秀的教师。在一定程度上，创新创业教育活动的开展对教师教学水平提出了更高的要求，教师不仅要具备相关创新思维，同时还要具备一定的创新实践经验。

如果想要培养一批具备相关素质的人才，教师就必须拥有丰富的创新创业经历。而为了实现该目标，我们提出以下两个方面的举措：一方面，鼓励教师积极参与创新创业实践活动，从而使其能对创新创业在社会实际发展过程中的真实情况有着更好的把握；另一方面，高校应该积极开展相关的教育实践活动，加强本校教师队伍与国内外优秀教师队伍之间的交流和学习。

（1）要扩展创新创业教师的培训途径。一定程度上，如果要提高教师队伍的专业素质水平，就必须保证教师队伍中的每一个教师都参与相关的教育教学活动培训。同时，只有提高教师队伍的素质水平，才能够保证创新创业教育活动的顺利开展。目前，我国对于创新创业教育活动教师的培育方式还不多，但是参与到该教育活动中的教师数量却在不断增加，因此，拓展创新创业教师队伍的培训途径至关重要。

（2）增大培训强度，提升师资队伍的整体质量。开展创新创业教育活动在一定程度上有利于提升学生的综合素质水平，但是，此活动的开展离不开相关专业教师的教学。目前，由于创新创业专业的老师较少，因此就必须加大对参与到该教学活动中的老师的培训力度，保证每一位老师都能够接受相关培训，并且从中获得新的教育灵感，从而提升相关教师队伍的整体质量水平。在以后的人才培养过程中，教师占据着重要的地位，而教师的专业性在一定程度上影响着教学活动的进程以及相关的教学成果，因此，对老师进行具有核心竞争力的培训极其有必要。通过对相关教师进行创新创业思维以及实践经验的培训，既能够使得教师具备一定的创新能力，也能保证学生的探索精神得到一定的鼓励和支持，进而保证我国创新创业类教育活动的顺利开展。

4. 完善创新创业教师考评与激励机制

做好教育队伍管理形式的激励机制建设，完善教师考评和激励机制。当前高校为鼓励更多专业教师参与到创新创业的教育教学活动中，构建了众多形式不一的奖励机制，在以此来鼓励教师积极参与的同时，也推进了对相关活动团队的管理。建立起完善的教师教育教学成果及方式的动态考评机制，在一定意义上更能够推进创新创业教育教学活动的开展，并且在一定程度上转变教师参与教学的思维方式，以此实现该教育活动的理想化教育目标。建立起相关考评机制，从多个方面评判教师整个教学过程，可以有针对性地提出整改意见和要求，以此保证教育教学活动的圆满完成。

除此之外，各大高校应该逐步增设与创新创业有关的课程，以此来保证教师与学生都能够充分而全面地接触到该课程的相关内容。同时，在加大教师培训力度的过程中，也要保证学生对于创新创业理论知识的掌握。教师考评制度的建立和完善是教师教育教学工作中至关重要的第一步。教师考评制度在一定程度上对教师的实效工作有着一定的影响，其既是学校管理的重要环节，也是教师团队教学质量得到稳步提升的有效推动力。同时，通过该制度可以从多方面评价教师的教学工作，既完善了教师教育教学工作的评价导向，也切实保障了每一位教师的才能得到显露和发挥。建立起相关的激励机制，在一定程度上能够激励教师的教学主动性以及思维创造性，从而使得相关教师具备大量的创新创业实践经验以及创新思维，以此保证创新创业教育活动的开展。创新创业教育在一定程度上应贯穿于大学教育的始终，从而既保证了学生的创新思维能力得到提升，也保证了学生具备一定的创新创业水平。

二、质量管理的有效保障

《国家中长期教育改革和发展规划纲要（2010—2020）》提出，教育改革的关键任务是提升教学质量，树立以提高教育质量为中心的教育发展观，构建以提高教育质量为方向的管理体制和工作制度。对于高等院校来说，努力提升教育质量是教育改革发展的重要目标。高等院校可以成立创新创业质量保证领导负责团队和专家团队，借由行政手段和学术威信，共同确保创新创业教育品质。要对高校创新创业教育品质开展深入评价和分析，以便构建行政和学术系统下的教育质量保障系统。构建高校创新创业教育品质监督支撑机制，最重要的就是建立高等学校创新创业教育品质考核机制。教育质量保障包含三大重要部分：第一，创新创业教育师资；第二，物资等部分保障；第三，创新创业教育的教学成果保障。以此为基石，为了能够给提升教学品质提供全面理论参考并协调各类物资，不仅要构建利用增强创新创业教育评测作为核心的创新创业教育品质监督支撑机制，还要定时评测高等学校创新创业教育管理情况和传授效果，实时监督并对其开展的状况实行测评。

（一）创新创业教育教学的组织评估

学校对于创新创业教育的关注程度和对各部分的投入状况是评判高等院校创新创业教育机构情况的重要指标，促进教育整改和提升教育品质的首要任务就是考评院校创新创业教育指导机构的状况。制定有效的考评标准是评判创新创业教育指导机构状况的重中之重。常规来看，评测指标可以从投入、流程和结果三个方面来确定。针对投入部分的评测，其关键是看对创新创业教育不同部分的投入情况，涵盖法规支撑、教师师资配比、金钱付出、管控人员的数量、场地搭建等部分；在流程部分，考评重点在于创新创业教育的课程设置、教学方法、教学服务保障、组织管理等；在成果部分，考评侧重于考核学生的理论分数、技能掌握情况、实际操作等部分。由于针对高等院校创新创业教育机构现状的评测集中在高等院校创新创业教育的关注度和整体付出情况上，因此可选取下面几点作为考评标准。

1. 政策保障方面

高等院校对于创新创业教育在行政和学术两方面的扶持均以当前政府的政策支撑为依托：行政方面体现在，创新创业教育工作中面临的困难和相关的各种任务，是否能通过高校领导带领的创新创业教育指导团队得到快速解决；学术方面体现在，创新创业教育理论探究的奖励机制和创新创业教育领导班子是否都已敲定，是否以其作为创业教学质量提升的坚定政治根基。

2. 教师队伍投入

教师团队状况不单体现在自己院校创新创业教育全职教师和兼职教师的人数上，优秀教师在全体教师中的占比也十分重要。通过教师人员的数量可以了解到高校开展创新创业课程的数量，而拥有博士学历和正、副教授称职的老师人数比例也是教师队伍情况的重要体现。

3. 资金投入

资金的投入是创新创业教育是否可以顺利落实的核心。创新创业教育研究资金是基本经济投入，创新创业举办指导活动需要的经济支持是主体经济投入，这两部分的投入共同构成了高等院校创新创业教育资金。其中举行教学活动的资金不仅涵盖主修课程和隐藏课程开展需要的经济支撑，对于优良人员培养的费用也涵盖其中，比如给予优秀学生参与创业实操比赛资金方面补助、给予一定金额的创业研究项目补助等。

4. 管理人员投入

创新创业教育体系中除教学老师之外的人员都属于创新创业教育管理人员。他们的主要工作内容包括对于组织管理人员投入状况的评测等一系列隐形课程有关的工作，其中包括成立单独创新创业教育监管团队来把控创新创业教育人员数量等。

5. 基地建设投入

创新创业教育学术探寻基地和实操培养基地共同构成了基地建设。理论研究基地是学生研究理论的重要场所，其集中构建在校园内部，以便学生在校内学习理论知识。实践锻炼基地通常由高校和政府共同组织，建立在校外，为有创业想法的学生提供实践锻炼必不可少的场地。基地建设投入的考核有两个指标：一是软件指标，即基地拥有的学术教师和实操培训教师；二是硬件指标，即创业教育基地的数量和整个基地能承接的学生数量等。

6. 教育课程安排方面

创新创业教育的显性课程在高等院校里涵盖了必修课、大学选修课和辅修课，通过学习，学生能掌握创新创业教育的初级学术理论。除此之外，还有专业课程、思想道德教育、通识课程等教学内容，以便提升大学生创新创业的技能。需要设置科学规范的创新创业教育显性课程，其不仅应该涵盖创新创业理论知识、创业能力要求，而且也要符合现阶段创业趋势，通过教导初级的学术知识，培养学生创新创业技能，进而让学生知道创业的意义，最终成长为拥有创造性观念并能主动进行创新创业的大学生。

隐性课程旨在通过学校文化和学习氛围发挥作用，与提高学生整体素养并保证学生能够全面良好的前行密切相关，它不属于原始定制的大学教学体系之中。高校在课外开设创新创业教育隐性课程，旨在帮助学生在本校学习环境里掌握更多与创新创业有关的理论知识。隐性课程和显性课程在创新创业教育中有两个明显差别：第一，形式不同。显性课程以教室内的学习为主要形式，但隐性课程更善于利用室外形式让学生参与其中，不仅能让学生掌握创新创业相关知识，更能提升其创新创业实操技能。隐性课程有丰富多彩的呈现形式，包括创新实践比赛、社团组织、课外实操活动等。第二，隐性课程有着更为放松的学习过程。它将有效的创新创业理论和实际操作技能等融入现实情景之中，借由活动形式呈现，在愉悦自在的氛围下，大学生能够从中得到启示，提升自身的创新创业学习主动性，这是创新创业隐性课程的另一大特点。

7. 教学方式方面

学校尽力栽培有积极创新创业想法并对于创新创业知识了然于心且具有实际操作技能的学生，在教学中使用不同方法把教学目的转化为教学成果，这就是高等学校创新创业教育教学方式。创新创业教学方法可以利用指导配合引导性探究，让学术配合实操，或者使用实操指导、学术引导法、举例指导法、探究教育、引导教育等方式。

8. 服务保障方面

完善的创新创业教育服务保障体系是成就优秀创新创业教育质量的前提。需要具备以下三点，方可完善创新创业教育服务保障机制。

第一，创建大学生创新创业引导服务中心。引导服务中心可作为大学生和企业之间的沟通桥梁，在团队创业实操过程中还能给予经济、场地和人才扶持。由此可见，各个学校应根据自身实际状况，开设专门的创新创业引导服务中心，以“一帮一”的形式对创业学生和创新项目进行辅助和实时指导，实时关注他们日后的发展方向；针对创业未取得成功的同学，还需要帮助他们分析原因，并提出解决方案，激励他们勇往直前。

第二，强调创建创新创业教育实践基地的重要性。高等院校应该建立一个完善的、设备齐全的创新创业教育实践基地，使其成为学生将想法转变为现实的场地。构建一个创新创业教育实践场所，不仅要充分发挥其实践功能，对全校师生进行传播，而且要将获益人群人数逐步增大，进而形成标准化的管理规章。

第三，创建创新创业教育信息化服务平台。学校要大力发挥互联网和图书馆具备的传播讯息的功能。学校可以放置一个专门为同学提供创新创业教育系列书籍的书架在图书馆当中，书架不仅要码放整齐与创新创业方面相关的书籍和期刊，还要做到对于相关创新创业类文献信息及时更换，以便师生可以获得来自四面八方的信息。不仅如此，目前我们正处于“互联网 +”的环境之下，网络平台成为人们获取各类信息重要渠道。要搭建网络信息服务渠道，让高校师生能够及时迅速地得到精准丰富的前沿创新创业法规、教学指导、经典例子、实际操作公司等内容，将图书馆和互联网平台的教学作用发挥到极致。

如果想全面掌握高校创新创业教育当前实施的情况，一定要设立创新创业教育机构状况考核指标，如此一来，将有助于改善亟待强化的部分，加快高校创新创业教育有序推进，推动创新创业教育的学术探讨和落地实施。借由创新创业教育评测指标，开展纵向对比，不难看出高校对于创新创业教育的投入和关注程度的转变情况；进行横向对比，学习各类高等院校实施创新创业教育中比较好的地方，提出相关有效的建议，方便领导确定创新创业教育政策，还可作为实际理论依据提供给全省乃至全国的相关部门，以便其进行教育政策制定。

（二）创新创业教育教学的效果评估

创新创业教育的实行旨在引导高校学生提升创新创业技能并对创新创业有更深入的理解，通过学生自主参与不同行业的创新创业，使他们建立良好的价值观。实现教育目标的关键在于加强学生对创新创业的认识，提升学生的创新创业技能。高校创新创业教育的教学成果体现在所有举办的教学活动是不是实现了教育目的，并且达到了哪个阶段。简单来说，通过比较参与过创新创业教育的同学和没有参与过的同学在对创新创业的认知、主动性和能力方面的强弱，就可以评判教学成果如何。因此，大学生创新创业教育教学成果与创新创业教育目的一定要一一对应。

创新创业意愿和创新创业自我效能感两个概念的提出背景在于，立刻评判出大学生对于创新创业的认知和本身具备的创新创业技能非常不容易，因此需要寻求公证严谨的大学生创新创业认知和技能评判方法。创新创业意愿能够反映大学生对于创新创业的主动性的强弱，其本身是代表学生是否有创新创业意识的自我行为。高等院校的创新创业教育是为了让学生形成良好的价值观，加强学生创新创业的主动性并且让学生自信地参加到实践创业活动中去，是让大学生具备创造性、拥有主动创业想法的教育，其本身与当前高等教学体系里的专科教育完全相异。高等院校在创新创业教育方面不仅要以传授创新创业学术知识为基石，更要增加教学形态，积极迭代教学方式，打开学生思路，提升大学生创新创业积极性，在培养大学生的自主性意识和创造性思维方面下功夫。针对大学生自身，培养主动性、创造性观念的前提是引导他们树立起创新创业积极自主的意愿，让大学生确立自身主导地位，激发他们全面展现自身的积极性和潜能，从而提高自我价值，获得明显的进步和长足的发展。

美国心理学家班杜拉于 1977 年提出了自我效能感这一概念。自我效能感是每个人对于自身的一项任务能达成与否的评估和判断，普遍适用于各类范畴，只是在各种范畴内的意义有所差异。自我效能感适用在创新创业范畴中，就是个人对自身能不能达成创新创业目的的评判，表现为个人对自身创新创业潜能的认同程度。通过问卷调研，评估自身创新创业意愿，表现出自身对于创新创业潜能的认可度以及创新创业带来的自我效能感，从中能够看出大学生具备的创新创业技能和主动性，进而展现出创新创业教育教学的成果。为了探寻大学生在创新创业教育课中的学习情况，对其分别从年级、年龄、家庭环境和背景、专业、性别进行研究分析，通过数据分析来提升创新创业教学质量，进而对各类学生采取差异化定制创新创业教育形式。

三、制度环境的有效保障

教育环境会间接地、潜移默化地影响教育的效果，并且这个能量是巨大的。20 世纪 30 年代，日本学者细谷俊夫出版了《教育环境学》一书，书中介绍了教育会受到社会、自然和精神环境的影响。创新创业教育环境是一种价值规范和意识形态，能够被学校中的师生所感知，其也是一种制度环境，能够促进创新创业教育的发展。学校基础设施是教育环境中的一部分，如图书馆、食堂和教学楼等。此外，还包括建筑风格、绿化设计等学校环境构造和管理制度、发展规划等学校的规章制度、校训校史等精神文化。对适合创新创业教育发展的环境进行保护的体系的建立是高校创新创业教育制度环境保障体系的本质。

（一）创新创业教育环境的作用

良好的创新创业教育环境有许多优势。例如，良好的环境可以使创新创业教育的教学质量和管理效率得到提高，使学生能够积极主动地参与到创新创业教育的学习活动中，让全校的师生能够感受到这种教育意识，使高校创新创业教育能够顺利地进行。

1. 价值引导作用

新鲜的观念和事物更能吸引新生代大学生的注意力，大学生比其他年龄段的群体能更快速地接受新颖事物和观点。另外，处于青春期的大学生并没有成熟的意识体系，周围的环境会对其产生影响。这时，教育环境的引导和教育作用就体现了出来，将创新创业的意识和价值观念植入学生身边的环境当中，更能促使学生建立起创新创业的意识，提高学生投入环境的积极性，这样创新创业教育的教学成效也会大大提升。为了使新型创新创业教育的制度环境能够被良好地营造，教师不仅要对自身的发展予以重视，还要坚决贯彻学校的相关政策和管理制度，只有这样才能积极地推动创新创业教育活动的发展。此外，在学校的学习氛围中，也可以植入相关的创新创业要素。教师要以创新创业教学为己任，引导学生建立创新创业意识。

2. 目标引导作用

学校活动、校风校训和学校宣传等都是教育环境的影响散发的途径。高校是这些活动的组织者，其在组织活动时，应当有明确的目标，融入本校的特色和理念，引导全校师生的发展。高效的发展和学生的教育目标应当是命运的共同体，因此目标的导向可以使学生在教育环境中的意识形态得到改变。如果在高校教育环境中融入目标的引导，且选择以创新创业教育思想观念为本质的目标，那么全校师生将会拥有和学校共同的目标，学生和教师在整体中的热情将会被进一步提高。

教育环境能够整合资源。教育环境一方面可以引导师生价值和目标，另一方面还可以对校园共识进行凝聚，使教师能够在创新创业教育教学的过程中感受到切实的成就和认可感，凝聚师生们的精神，使在教育环境中的每一个人都能够投身于创新创业教育，为创新创业教育付出一分力量，促使其顺利稳定地开展。

（二）创新创业教育的生态学

物质和精神两个方面都存在于高等学校创新创业教育的环境中，教师，学生，教育的形式、方法、过程和内容等都会受到这两个方面的影响，不同的环节之间有十分复杂的关系。学校要更全面地看待高校创新创业教育的环境保障体系，以内外的双视角来看待高等学校创新创业教育环境，将其看作是一种生态系统，并对生态系统的各方面要素进行关注和分析。

马克思主义的生态观认为人类和生态环境可以产生相互影响。虽然人类与其他动物并没有差异，周围的环境都会对其产生影响，但同时人类又具有主观能动性，可以改造自然。这一看法受到了许多生态学专家学者的认同，在学者们的心中，生态学就是对生态环境中的人类和人类以外的生物受到环境影响与相互作用进行探讨的学科。

在生态学中，个人和生态要素之间的关系是运动的，有联系的，并非静止孤立的，人无论在哪种生态环境中都会受到环境的部分影响。教育生态系统观点是在教育的过程中融入了生态学的概念：老师和学生在这个环境中处于主体地位，全体师生都会受到生态环境中生态要素的影响，并且师生之间还会相互影响，优良的教育环境能够对人产生积极的影响，反之，劣质的环境会对人产生消极影响，同时，教育环境中的其他要素也会受到个人活动与认知的影响。

创新创业教育主体和教育生态环境是高等学校创新创业教育生态系统中的两大组成部分。在创新创业生态系统中，创新创业教育主体扮演接受和实施者的角色，其中：

高校中与创新创业教育相关的教学机构、师资队伍和负责部门等都是实施者；创新创业教育的活动、课程和教学计划等是实施者在创新创业教育生态环境中进行的行为；参与创新创业教育培训的学生就是环境中的接受者，在种类繁多的教学服务当中，学生能够依照自己的需求来选择自己想要的教育服务。

物质环境是创新创业生态环境中的一种，如基础设施、建筑风格、校园环境等。此外，创业生态环境还包括校园文化、校风校训等精神环境。不同的创新创业主体，如实施者和接受者之间有着紧密的联系，教育管理和教学活动等是连接实施者和接受者的纽带。在这种关系中，实施者会将教育服务提供给接受者，接受者会将自身的心得反馈给实施者。紧密连接主体的敏感因子是创新创业教育环境影响主体的主要中介，实施者在这种影响下，会向接受者提供具有差异的教育服务、数量和质量，因此，接受者对实施者教学的评价也会有所变化。实践是创新创业教育主体对创新创业生态环境进行完善的优良途径。

（三）创新创业教育环境保障体系的构建

教师与学生的意识形态在优良的创新创业教育环境下能够受到正向的影响；反之，教师和学生在劣质的环境下会受到消极影响，且这种影响时刻存在。因此，高校应当重点建设优良的创新创业教育环境，以此来促进教学成效的提升。

要对创新创业教育环境在生态学上的概念进行全方位理解，所以，创新创业教育体系的协调性是环境保障体系建设的必要条件。许多方面和要素都在影响着高等学校创新创业教育，整个系统十分复杂。实施者和接受者与环境之间有着复杂的关系与作用，促使整个教育环境的稳定协调发展是高校创新创业教育开展的重要保障。

为了使高等学校创新创业教育环境保护体系得以完善构建，必须综合考虑物质和精神两方面的环境建设。如果过分重视物质而忽视精神，那么推动教育的动力将会有缺失；如果过分重视精神忽视物质，那么高校创新创业教育将会缺乏载体。所以应当对二者进行协调建设，合理配置资源。

在迎合协调性要求的基础上，提出创新创业教育环境保障体系的构建模式，这种构建需要通过环境监测进行，以教学研究为基础，重点实施资源配置，同时要迎合相关政策，在高等学校创新创业教育环境保障体系建立时综合考虑物质和精神两方面的需求：物质环境的建设是为了顺利推动创新创业教育，精神环境的建设是为了得到显著的教育成效。以下是具体措施。

（1）在创新创业教育的过程中，要加入激励措施，通过对体系中的老师、管理人员等相关人员的激励，促使教育成效的提高。激励方法包括职位晋升、职称评定和绩效奖金等，以此来提高管理人员和教师等人的积极性，使教师能够更加主动地为创新创业教育做出奉献。对于学生，可以通过奖学金、奖状和记录学分等方式调动他们的积极性。

（2）加大监管检测创新创业教育的力度，对教育环境的情况进行及时了解。创新创业教育是长期持续的，高校必须建立健全物质和精神监管制度，建立监管环境教育的专业团队，对物质和精神环境现状通过问卷调查、实地访问等形式进行了解，将了解到的现状向创新创业教育研究和管理部门实时上报，对环境了解后要找出相应的解决办法，使教育活动的实施能够长期有效地进行下去。物质和精神环境只是创新创业教育环境监测和监管工作的对象之一，实地调查和访问是物质环境测评的主要方式，对访谈和问卷调查的分析是精神环境监测的主要方式。

（3）对创新创业教育资源进行合理配置，科学合理地进行资源分配。在进行建设前，要做好统筹规划，避免出现不科学、不合理的资源配置方式，在投入创新创业精神与物质环境建设之前要做出相应的评估，使资源能够用到关键地方，避免出现资源浪费，大力推进创新创业教育环境的稳步发展。需要建设专门的管理机制来分配具体的创新创业教育资源，使资源配置的事先、事中和事后三方面的评价都能够得到保障：在建设前需要对投入资源的各方面要素和配置进行具体评估，在事中需要对投入的物质和精神两方面的资源的实际情况进行分析与调整，事后要对整个过程的资源投入与产出进行相关的剖析与评价。

（4）加大创新创业教育科研工作的力度。由于创新创业教育兴起较晚，不像其他教育那样具备丰厚的基础和先例，因此，应当对教育环境的建设风险进行事先评估。对于创新创业教育应当大力研究，使创新创业教育环境中对接受者和实施者产生影响的各种因素浮出水面，同时，对于其产生的影响进行剖析，这样在创新创业教育环境的建设过程中，便可以更加得心应手地掌握各种影响因素，针对各种情况制定合理的解决对策，通过建立专业的智囊库促进良好教育环境的建立。课题招标和成效考评是加强创新创业教育科研工作的两种主要办法。课题招标是一种策划科研课题的方式，这种方式是以本校实际开展创新创业教育的情况和未来方向为出发点的，所有与创新创业有关的教师都是公开招标的对象，课题招标会将创新创业科研资源充分提供给教师。成效考评是对学校内部人员对创新创业教育环境建设做出的个人贡献进行公平科学的考评的过程，其可以激励教师和管理人员积极创建创新创业教育体系。

（四）创新创业教育环境保障体系的其他要素

必须创建一个能够推动社会进程和学生自身发展的科学、规范的保障体制，以此确保创新创业教育顺利进行和有序开展。建立保障体系是为了促进创新创业科研的进程，同时为创新创业教育指引前进方向，提供改善的办法，确保其继续顺利发展，并对其进行全面推广，让其充分发挥作用，推动社会发展。以高校创新创业教育的特点为基石，下面将从政府、社会、企业和家庭四个方面来阐述如何树立优秀的教育氛围，修补当前创新创业教育整体保障机制。

1. 政府政策支撑

政府作为法规的颁布机构，在高校创新创业教育保障体制中承担着引领、支持和激励的职能。高等学校举办创新创业教育活动，引导学生积极参与，都要有机构法规、各种物质要素、资金和社会服务机构的全力扶持。

（1）政策法规支持

政府相关机构应在全面理解高校创新创业教育之后再颁布相关政策法规。政府应在符合市场经济规律的前提下，将利好的创新创业发展氛围给予大学生，并颁布与之相关的激励扶持政策，绝不可单从增进学生就业方面来领会此教育本质。创新创业教育是否能够顺利落实实施取决于政府有没有提供相关政策法规的扶持。具体来说，相关法律法规政策的颁布要加快推进，为创新创业教育提供法规上的支撑；有关单位应尽力简化大学生创新创业准入流程，进而提升审核速度；相应的税收减免等优惠政策也应一并出台；对应的创新创业培训指导、政策咨询、持续指导等服务内容需要尽快派遣相关单位来承接。政府在政策法规上的全力扶持将为高等学校顺利发展创新创业教育提供保障。

首先，出台具备特殊性、全面性和实施性的相关创新创业教育政策，不要只做表面文章。

其次，梳理出现已颁布的相关创新创业教育法规，在公共平台公示，把这些法规放在同一批次，保证政策拥有全面性和连贯性。根据现在整体情况来看，政府需以已经出台的政策作为基准，推动迭代创新创业教育的相关规定和详细细则，完善创新创业教育的实行目的及整体实行方式等。

最后，建立创新创业教育法规的监察机制。第一，依靠丰富的媒体手段宣传创新创业教育法规。全面利用互联网、电视、有声平台、纸媒等传播手段来宣传和推荐新出台的创新创业教育政策，对于大众感兴趣的相关创新创业教育政策的内在意义，邀请专家学者进行深入阐述和详尽解析，让政策内容能够快速、准确、全面地被有关受益者学习。第二，建立协作运行机制，将高等学校、政府、企业三者紧密结合。领导机构作为各个机构的联络纽带，要协调各个机构之间的关系，及时监控创新创业教育政策的进展情况，并确保信息反馈速度，对于持续完善创新创业教育政策起到积极作用。

（2）经费支持

通过对大学生创新创业受限原因的深入分析，我们得出结论，创新创业教育项目能否良好开展受制于初始资金和后续资金充足与否，这是影响其发展的最主要因素。由于经费对于落实创新创业教育起到了重中之重的作用，因此，政府为了鼓励大学生创新创业，必须要提高创新创业教育的经费输出，多多建立创业基金。政府要带动资金输出，给予大学生相应的贷款额度，提高对大学生创新创业小额贷款的支持力度，扩大贷款的受益人数，支持大学生创新创业，让大学生在经费方面减少顾虑。同时要特别加大对高新技术项目的扶持力度，给予他们特别的优惠政策和强有力的支撑。

（3）免费培训指导

政府应呼吁有关单位开展责任培训工作，如免费给大学生安排学习场地、加强技能练习、提供法规和技能培训等，以此提升大学生的创新创业技能。为了增加大学生的创新创业理论知识并提升大学生的创新创业操作技能，政府应定期邀约国内外优秀企业家、高校专业领域内的知名教授、政府有关单位的经验丰富的职员等担当大学生创新创业的指导老师，通过教学、咨询、答疑、案例解析等手段增加大学生有关创新创业的知识和技巧。

（4）建立创新创业教育中介组织

政府要为大学生创造优良的创业氛围，激励大学生创新创业，全力扶助丰富多彩的非营利机构，增强对大学生创新创业教育理论知识的输入，并带领其实施。比如，政府划分出单独的实操基地给到创新创业项目，在政府相关单位和有关的教育科研团队带领下，成立有公信力的创新创业教育科研组织，广泛地开展创新创业教育研究，同步在全国各地高校举办创新创业教育项目，为我国创新创业教育的建立提供理论基石。发动社会全体积极创建创新创业民办教育机构，和高等院校联手实现创新创业教育项目。为了帮助大学生在创新创业进程中尽快找到相关支持企业，获得相应资金支持及有效的政策法规咨询，政府要全力推进大学生教育中介机构的建立，创建大学生创新创业实施场地和基地。与此同时，中介机构需估算大学生创业经费的缺口，为大学生提供政府小额贷款，承担大学生创业贷款担保职责，减少政府压力和高校教学压力，充分监察教育的实行情况，公证考核创新创业教育的实践状况。

2. 社会舆论支持

为了确保创新创业教育的成功实施，就必须创造一个优良的社会氛围。在培养创新创业人才方面，我国源远流长的传统文化有着举足轻重的作用。为创造一个主动进取、鼓励人们创新创业的社会环境，我们在延续和发扬优良传统文化时，对于守旧文化要予以剔除，对于其良好美德要发扬光大。利用相应的宣传方式引导社会全员建立人才考核标准，强化创新创业社会理念至关重要。想全方位推进优秀创新创业氛围，就必须通过政策法规来激励大学生创新创业的主动性，维护创新结果，发布创新创业激励政策和人才培养政策等。

目前社会对于创新创业教育的理解仅停留在表面，这类教育并未引发激烈讨论，触动的人群并不广泛。虽然高等学校和教育单位对于创新创业教育了解深入，但仅有高等学校付诸行动，显然不能够完全推动创新创业教育的整体进程。现阶段创新创业理论在部分区域发展迅速，但也有区域的创新创业教育仍未开始实行，创新创业教育进程明显显露出发展不均衡的态势。因此，为了面向社会推行创新创业教育，我们需要建立一个以政府为核心，高等学校为主体，全体社会成员积极传播并推行的创新创业教育新形式。通过网络、电视、报纸等传播手段，让大家的创新创业主动性得到积极发挥，使全社会对创新创业形成共同认知，为创新创业教育实施创造良好的氛围和情境，推进创新创业教育进程。

3. 企业合作支持

企业在创新创业教育进程中的作用非常重要。创新创业教育不仅为学生带来了更多就业机会，而且提升了他们自主创业的主动性，激发了他们的创新创业潜能。理论知识培养和创业实操指导都属于高校创新创业教育范畴，其中实操指导是非常重要的一环，并且需要企业的大力支持。在大学生创新创业教育过程中，企业可以带来方法指引，提供实施场所、资金帮助、扶持项目等。当前虽然有很大比例的高等学校在创新创业教育进程中都得到了企业的扶助，但仅局限在经费方面的帮助，较多依靠的是企业的推广效果，却缺少对大学生实际实操方面的引导和项目扶持。如果想推动创新创业教育的发展，促进企业本身的持续增长，达到互惠互利，那么企业不单要在资金方面进行扶持，还要给予实施场所的支持，以及项目方面的指导，全方位帮助创新创业教育发展。因此，高等学校与企业之间应该达成长期稳定的合作关系，企业将一些经过历练的职工派遣到高校担任兼职教师，给予更多发展创新创业教育的机会，为大学生提供一些实践的创新项目，提高学生的创新创业实操水平。

此外，为了促进创新创业教育并营造良好氛围，企业可以利用其自身宣传能力和社会号召力，扭转社会和家庭对于大学生创新创业的负面看法，对创新创业激发的正面作用表示赞同，带领大众更新对于创新创业教育的认知。

4. 家庭支持

根据当前我国现状来看，家庭在大学生成长中有着举足轻重的影响，对于他们世界观、价值观、人生观的形成起着非常重要的作用，同时也是大学生的经济和精神支撑。即使学生在创新创业活动中储备了理论知识、拥有创新思维和实操技能，仍需要家庭的正面支撑。大学生的家庭背景直接影响到其就业观、创新创业素养、自身性格的养成。父母对创新创业的看法与孩子的就业观念呈正相关关系。如果家庭对于创新创业持正面态度，并适当激励，学生的创新创业主动性就会因此提高；但是如果家庭对此有负面看法，学生信心就会受挫，严重的会导致创业想法破灭，在困难面前只想逃避。由此，高校要学会全面利用家庭在教育中的作用，积极与家庭进行良好沟通，争取家庭对于学校创新创业教育活动的支持。

目前家长对于孩子创新创业的正面肯定还不够多，总结原因主要有两点：首先，传统观念深入人心，父母总是希望孩子能够拥有一份脚踏实地的安稳工作；其次，经费不得不考虑，对于一般家庭来说，创新创业的启动资金是一笔不小的数目，这让家庭整体压力倍增。基于家长的以上顾虑，高校要联合相关部门并派具体教师和学生家长进行深入交流，将创新创业政策的相关优势传达给家长，让家长消除顾虑，转变传统的固有思维和老一辈的就业观念等，让家长认同大学生不仅是应聘者同时也可以成为就业岗位的发起者，逐步赞同并主动配合学校开展创新创业教育活动，努力打造顺应时代发展的家庭环境，与高校一同联手让大学生拥有勇敢、不畏艰难、积极进取的性格特点，鼓励孩子按照自己的想法进行选择，遵从内心地选择日后的就业方向。

除此之外，政府和学校要互相配合，积极与学生家长沟通交流，对学生家长进行培训，尤其针对就业观念陈旧的农民家庭，需要采取更为有效积极的教育方法，争取让高校创新创业教育能与家庭教育齐头并进。通过为大学生提供创业小额贷款，争取到大学生家长的配合和认同，以此推动创新创业教育的成功推行。

总而言之，建立创新创业教育保障机制需要通过政府指引，将高校作为实施主体，引导全社会主动参与，联合企业扶持并得到家庭大力配合才能够顺利进行。我们需要通过网络、电视、报纸等媒体进行广泛推广，配合社会各界人士的努力，推动创新创业教育进程，将我国创新创业教育提升到一个新高度，进而推动社会主义市场经济的全面进步。

第四章 大学生创新创业的团队建设与资源整合

大学生创新创业已经成为信息化时代的一种趋势。随着创业型经济的来临，创业团队也如雨后春笋般出现，大学生创新创业团队成为其中一支不可忽视的力量。然而，如何组建优秀的大学生创新创业团队，如何整合创业资源，成为摆在各高校学生面前的问题和困难。鉴于此，本章主要围绕大学生创新创业能力培养、大学生创新创业团队建设及其路径、大学生创新创业的资源整合及途径展开探讨。

第一节 大学生创新创业能力培养

一、大学生创新创业能力培养的重要性

（一）现阶段高等学校教育的要求

如今，每个高校都设置了创业教育这一课程，在新时代大学生的自我素质提升中，创业教育也是十分重要的一个环节。近年来，大学生的人数越来越多，就业形势十分严峻，因此，各大高校就要对自己学生的就业方案进行调整，对创新创业教育资源进行整合，培养学生的创新创业素养，使大学生树立正确的职业理念和信念，提高他们的创新创业能力和意识。而创新创业教育能够促进高校和社会的发展以及大学生的就业质量。

（二）当代社会发展的要求

新的时代，科技等各个方面都在飞速进步，这就要求高校培养出越来越多元化的人才。如果大学生只注重学习，缺乏实践，没有较高的综合素质和创业能力，那在就业时就容易被用人单位拒绝，无法顺利就业。对于国家与社会，大学生是未来的希望，国家若要强大，要具备更高的竞争力，就必须提高大学生的综合能力。所以高校未来的教育模式应当更加多元化，且加入创新创业教育，使大学生的创新思维和实践能力得到提高，从而具备更高的竞争力，满足社会的人才需要[1]。

二、大学生创新创业能力的培养方法

（一）转变培养理念

全面发展、优先培育德育是当代大环境对高效培育学生的要求，家长和老师都要注重这一点，只有这样，大学生才能够在成长的过程中具备新时代所需要的创新创业意识。家长应该更加重视学生的思考能力，而不是分数；创新意识和责任心的培养是当前教育应该更注重的内容，要提高学生的综合能力，改变传统的教学方式，依据学生的认知能力进行课程和教学的创新。

（二）优化师资力量

具有较高能力和素质的师资队伍是学校创新创业教育有序推动的基础。但是许多教师并没有达到这一要求，问题依然十分严峻。有的教师缺乏创业经历和意识，有的教师刚毕业并没有经验，因此师资力量紧缺。在教学中，许多教师无法结合创新创业知识和实践，学生无法得到高质量的创新创业教育，因此通过创新创业教育提升学生的综合能力，以教育带动学生就业的目标就无法实现。所以师资力量的优化是必要的。

---

[1] 张晓燕．新时代下大学生创新创业能力的培养研究 [J]. 科技经济导刊，2020，11：156.

（三）构建实践教学体系

不能单一地培养学生的创新创业意识，还要将这种意识投入实践中，使学生的能力得到根本的提高。因此，要想创新创业教育得到明显的效果，实践是根本途径。实践教学的过程比较系统且复杂，需要师资队伍的协同努力和上层的重视。为保障创新创业教育有序进行，学校可以设立相应制度和相应的实践活动中心，使学生的实践需求得到满足，提高学生的综合能力。为了激励学生参与创新创业实践，学校也可以举办一些比赛活动。

社会和个人都对培养大学生的创新创业能力存在需求，社会发展会在创新创业教育实施的同时得到促进，我国经济也能够更加迅速地发展；大学生的潜力也在创新创业能力的学习中得到一定程度的发掘，在学习的同时能够进行未来的职业规划。因此，高校应当转变传统的教学模式，结合自身的优势和资源，创建更加完善的创新创业教育体系。

第二节　大学生创新创业团队建设及其路径

一、创新创业团队建设

创新创业团队中最重要的是领导人，其中的个体并不是最核心的要素，应当关注的是整个创新创业团体。新创企业在未来很可能会成为具有巨大发展潜力的公司，同时能为社会提供许多就业机会。一个好的创新创业团队是企业具有成长性的根本要求。

（一）团队和群体

团队不等同于群体，团队中的成员可以互相交换自己的工作岗位，贡献互补。下面是团队和群体的主要区别。

（1）为了达成团队的目标，团队成员需要承担两方面责任：个人责任和团队责任；在工作目标的完成过程中，群体的成员只承担个人责任。

（2）团队整体是团队绩效评估的对象，但个人表现决定了群体的绩效评估。

（3）成员之间的合作与协调是实现团队目标的必要因素，但这在群体目标的达成中却不是必要的。

（4）团队成员之间的相互合作是团队成功的必要因素，因此，团队比群体要具备更加完善的决策参与、信息共享和角色定位等。

（二）团队角色

1. 团队培养者

团队中具有较高智商的是思想原创者，他们是团队的培养者，在团队遇到难题或产生新思想时可以提供帮助。与团队中的其他成员相比，培养者具有不同的思维，他们具有更加丰富的想象力和全面的思考方式。但他们的兴趣跳跃较快，不会对细节问题过多的关注，由于细小错误时常发生，所以他们的思想并不一定适合实施。

培养者喜欢的工作环境是平等且独立的。他们是个人主义者，往往会独立处事，很在意他人的评价，但不愿与人交流，对他人想法较为轻视，希望别人顺从自己的想法。

培养者在时间的分配上更愿意去做一些不符合团队目标的工作。培养者们会互相竞争，不善于听取他人建议，因此不应把过多的培养者聚集在一起，否则团队效率将会大大下降。

2. 团队资源搜索者

创造力虽然也存在于资源搜索者的身上，但他们往往不会创造想法，而是去研究他人的原始想法。他们具有随和外向的性格，受人欢迎，喜欢社交，具备独立思考的能力，在交谈时往往刨根问底，喜欢与他人谈判。他们能够为团队带来巨大的正能量，激励团队向上。

资源搜索者往往会较多地与外界接触，可以对外界的有效信息进行迅速挖掘，并进行研究。他们能够激发其他成员的积极热情，使成员不至于停滞不前。

环境是影响资源搜索者的一大要素。资源搜索者的激情是建立在团队成员的积极反馈和配合上的，只有这样，他们才能保持兴趣，将项目进行下去。

3. 团队协调者

对于内部程序，协调者会严格遵守，项目的最终目标是他们的着眼点，他们能够为团队带来较高的凝聚力，带动团队朝着共同目标努力，是团队成员尊重的对象。

协调者具有权威和自信，能够及时发现他人的优点并进行沟通，可以合理地分配不同成员的工作。所以团队领导往往是协调者，他们能够将团队内部成员的角色进行定位，但它们的价值也不一定只在领导层面才能体现。

协调者虽然不一定比其他人更具有智慧，但他们的思想更加成熟，能够很清晰地辨别他人的优势，带动团队朝目标努力。他们更加关注团队成员的情感和观点，为团队提供凝聚力。

4. 团队塑造者

塑造者缺失耐心，较为偏执，容易冲动。他们有旺盛的精力，喜欢迎接挑战，是成功导向型人才，具有较强的行动力和较高的目的性。

塑造者能够将现实、想法和目标等因素融入讨论当中，以极快的速度找到问题的解决方案，并具备较高的行动力。他们是最能够将自己的计划转变为现实的人。尽管需要通过结果来辨认整个过程的可行性，但他们的自信度仍然没有丝毫减少。他们对于矛盾和创新的决策不会过多在意，做事随机应变，义无反顾。

5. 团队监督者

监督者的性格一般是冷静、内向稳重的。他们可能不会产生新颖的思维，但能够对他人的想法进行清晰的分析，准确辨别利弊，并进行迅速的决策和判断。团队在他们的监督下可以避免偏离正轨。

监督者的判断与思考是非常客观冷静的，他们能对整体计划的缺陷进行明确辨别，并用时间来对自己的结论进行验证。他们考虑问题时不会以自我为中心，较为客观。

如果监督者能够受到较好的激励，热情便会持续，只有这样团队才能够更加平稳地前进。监督者可以对复杂的数据和资料进行分析，他们可以帮团队分析问题、起草计划和做整体评价[1]。

---

[1] 吕爽．大学生创新创业实务指导 [M]．北京：中国铁道出版社，2017.

6. 团队工作者

团队工作者具有温和的性格，善于社交，十分忠诚。他们内心敏感，可以做好的倾听者，比较受欢迎。可能团队工作者缺少动力和活力，但他们能够按部就班地做事，很容易受到激励。

团队工作者能够很好地协调团队内部的人际关系，在容易产生矛盾的团队中，作用较为明显。他们竞争性较弱，所以他们对于士气具有很重要的作用，特别是在压力和危机之下。

7. 团队执行者

团队中的重要工作往往是由执行者进行的。他们比较保守，守纪律，具有较高的办事效率和较强的组织能力，值得团队信赖。他们能够迅速地将想法转换为具体任务，并延伸到具体行动上。对于一些需要做的事，他们往往会有极高的热情。

执行者往往比较遵守规矩，喜欢条条框框的秩序，很难适应突如其来的变化。执行者喜欢对未来进行预算和规划，制订掌控未来的计划。他们虽缺乏灵活性，但具有较强的合作性。

8. 团队完成者

完成者责任心较强，能够恪守己任，是优秀的校对者。对于工作，他们能够全身心地投入，按时完成任务，冷静处理问题，但他们具有焦虑和内向的性格，工作时过于紧张，给整个团队带来焦虑的氛围。他们往往会对自己设定的事情以高标准去完成。他们的细心使他们很难放心让他人代替自己做事。

9. 团队专家

专家具有专一的目标，能够专注地学习专业化知识与技能。他们的职业化态度较强，往往能够充满激情地在自己感兴趣的领域进行研究。他们具有较高的决心和冒险精神，具备动力能够激励自己，乐于奉献，可能会真正成为某一领域的专家。但他们并不一定合群，也不一定会有了解他人工作的兴趣。

在专业化知识或技能的团队中，专家是关键人物。专家具备丰富的专业知识和深刻挖掘问题的能力，因此，他们会在团队中担任优秀的管理者。

（三）创新创业团队的作用

创新创业团队是由两个或两个以上企业的高层管理者组成的有效群体，这个特殊团队中的成员之间存在一定的关系：有共同的利益，对企业有共同的所有权，以自己的认知和行动对企业负责。企业的高层管理者一般以创新创业团队的形式存在，这个团队是企业工作开展的基础，整个团队的工作绩效远远大于各成员的单独工作，具体作用如下。

（1）创新创业团队直接影响投资者是否投资。投资者以其资金的投入参与公司的运转，但公司的日常管理工作是由创新创业团队完成的，因此，投资者的风险主要来源于创新创业团队是否诚信可靠。这就需要投资者在前期对创新创业团队进行全面、深入的考察和评估，一旦发现问题，投资者一般都会拒绝投资。

（2）创新创业团队的优势明显。创新创业团队由对本行业有一定远见卓识的成员组成，相比于一般团队，他们对市场的敏感度高、判断准确，市场开发能力强，善于抓住有利的机会，是创业成功的中坚力量。

（四）创新创业团队的构成人群

创新创业团队的构成并不复杂，可以从广义和狭义两个维度去概括。广义的团队包含狭义的团队，除此之外，还包括参与创业的其他利益者，如投资者、顾问、专家团队等；狭义的创业团队与创业本身直接相关，指的是为了某个目标，共同投资、共同收益、共担风险的合作者。接下来我们将从狭义方面分析组成创新创业团队的人群。

1. 团队的初始创建者

创办企业是一个需要天时地利人和的艰难过程。人，尤其是企业的初始创建者，在创办企业过程中的作用不可取代，他首先必须是一个合格的管理者、一个优秀的领导。

也有一部分人认为创业成功是天时地利，是好运降临，是站在了时代的风口上。但是，我们应该知道机会对每个人是均等的，为什么只有少数人最终可以缔造伟大的企业呢？这就要谈到企业初始创建者的素质了：他们要独具慧眼，要有一定的远见卓识，关键时刻要能果断出手；他们正确的决策来源于日积月累的知识积淀、企业管理思维的练就。当然，现实中还存在一部分靠体力劳动致富的企业家，他们则不在本文文讨论的范围之内。作为企业的初始创建者，以下基本素质和技能是必备的。

（1）对人生目标的规划能力。能够清醒认识自己，合理规划自己的人生，制定各个阶段的目标，并细化成可实施的小计划，最终完成个人目标，实现个人价值与社会价值。

（2）大胆而果断的决策能力。在当今信息技术推动下的市场经济中，竞争不只局限于同行之间，一夜之间整个商业帝国也可能崩塌。这就对企业管理者提出了更高的要求，他们需要从现实出发来判断、分析，胆大而心细、果断而智慧，在众多的方案中选择最优的一种来实施，在保证合理性的同时兼具时代性。

（3）科学计划和管理的能力。“凡事预则立，不预则废。”企业运营也是一样，管理者要高瞻远瞩，确立科学的企业愿景，然后以目标为导向一步步实施；目标实施过程中，管理者还要随时管控成本，实现利润的最大化，确保企业能长足发展。

（4）制定和完善制度的能力。制度是企业稳定发展的保障，是企业规范发展的关键；企业的制度不在数量而在质量，在高效实施；企业制度与企业中的每个人都有关，其公平度、可信度关乎每个人，更关乎企业的生死存亡。

（5）信息管理和筛选的能力。信息是企业发展过程中不容忽视的资源，对信息的管理是企业日常管理中重要的一部分。企业要实施有效的管理，就要对所掌握的信息进行筛选和整合。企业的规模越大，面对的环境就越复杂，管理者对信息的掌握就越重要。面对杂乱的组织内外部信息，管理者需要拨开云雾，站在企业发展目标的角度，对信息进行整合、梳理，最终找到有利于企业生存和发展的有效信息。

（6）系统的目标管理能力。管理是企业目标达成的关键。在日常的企业目标管理中，全面而有效的管理活动体现在：企业管理者要具备着眼未来、狠抓绩效、重视成果的系统管理能力。

（7）整体与部分的分析能力。企业管理者要有大局意识，要将企业发展放置在社会大环境下进行考察，要将企业作为一个完整的整体去看待，要分析影响企业发展的各因素及其关系。

（8）简政放权的能力。企业管理者要明确自己在企业中的定位，要敢于放权，将企业日常的工作事务交给团队去完成；企业管理者要着眼未来、舍小抓大，带领企业走向更高的平台。

（9）财务管理与分析的能力。企业管理者要根据资金、人员、市场等因素做出有关决策，决不能盲目开展项目；要科学而合理地管理资金，审时度势地分析资金流向，让企业运转在正常的轨道上。

（10）利用资金进行赢利的能力。万事开头难，初创企业也面临同样的境遇。在创业初期，如何用最低的成本产生最大的收益，寻找盈利点，是企业关注的重要问题。一般来说解决途径有两个：一是，加大资金的投入，实现产量和销量的增长，以此实现企业盈利；二是，保持投入资金不变的前提下，找到撬动企业盈利的杠杆和支撑点，最终实现盈利。具体采用哪种方法，就要依赖管理者根据企业面临的风险进行决策。

（11）财务报表的分析能力。企业管理者应该重视财务报表，因为财务报表是企业运营的“晴雨表”，财务上的漏洞或者缺陷真实反映了企业在运作过程中的问题，所以企业管理者要透过报表看企业，要及时发现问题，及时分析和判断，及时采取措施，防患于未然。

（12）企业项目管理的能力。当企业面对错综复杂的跨领域问题，需要以项目形式开展工作时，就需要管理者具备管理项目的能力。具体做到：将项目的实施过程进行有效的拆解，从而达到企业高效运营、效率最大化的目标。

（13）商务洽谈的能力。商务谈判是以获得更大利润为目标的复杂交际行动，和谈判双方的语言、动作和心理等因素有关。企业在发展壮大过程中必然要与外界产生联系，其管理者作为企业的代言人，就需要与各方利益者协调，以谈判的形式解决一些事务。

（14）危机公关的能力。企业在运转过程中难免会有一些突发事件或意外发生，如果控制不力，影响波及的范围加大，势必会对企业形象产生负面影响。因此，企业管理者的危机公关能力就显得很重要，其面对突发事件或意外的态度和决策，会直接影响企业的形象和未来的发展。

（15）反思和超越自我的能力。古有“三省吾身”，作为企业的管理者，一定要有反思企业和自己的习惯和勇气，要以积极的态度解决企业和个人的问题，要找到企业和个人不足进行弥补，挑战自我、战胜自我。

（16）坚守职业底线的能力。在市场经济条件下，一些企业片面追求经济利益，一些管理者在金钱面前慢慢迷失了自己，做出了一些有违道德、有违法律的行为，这是极不可取的。而且，我们目前正处于经济全球化的浪潮中，一个企业的良知不仅是其承担社会责任的表现，更是其迈入国际市场的入场券。

（17）具有建设学习型组织的能力。成功的企业是一个具有学习功能的组织。学习型企业能够使各阶层成员全身投入，持续学习，这是企业能够持续发展的唯一竞争优势。通过不断学习，企业能够不断地吐故纳新，保持崭新的形象，以生机勃勃的面貌面对外界的多变环境。

（18）具有良好的社会交往能力。要想在社会中走向成功，良好的社交能力是人类必要的生存能力。企业管理者要想让企业在社会中生存，就必须能够从内到外广交朋友，通过自己的言谈举止、内涵融入社会圈子，让企业有走向成功的可能。

（19）管理者必须具备良好的心态与素养。企业管理者是企业的心理核心，管理者只有通过平时修炼出稳定、良好的心态，认清楚责任，才能成就大事业。

（20）管理者要具备保持身体健康的能力。随着竞争日趋激烈，工作节奏的加快、生活方式的多元化，使人们身心承受的压力越来越大，健康状况呈下滑趋势。管理者应该对自己的健康状况进行重新认识，对维护健康做一个正确的规划，以达到保健、养生、延年益寿的效果，这也是企业家对社会的一种贡献。

2. 团队的核心员工

核心员工指的是在行业中具备丰富从业经验和较强工作能力的优秀人才。在现代人力资源竞争中，核心员工是各企业竞争的重要对象。在企业运营与管理中，核心员工都在关键岗位上任职，通过运用自己所掌握的知识和技能，充分发挥自身的优势特征，提高企业核心竞争力，促进企业快速且稳步发展。

（1）核心员工的特性。核心员工具有以下特征。

第一，数量少。在大部分企业中，核心员工的数量较少，尤其是创业型公司的核心员工数量更少，其原因是核心员工任职于企业的关键职位，他们掌握着核心业务，并控制着关键资源，核心员工的工作效率与企业发展情况密切相关。若企业核心员工的数量过少，则将严重阻碍企业业务流程的正常运行。

第二，期望高。核心员工作为企业员工数量比例极低的群体，他们为企业发展所贡献的价值是无法替代的。核心员工有明确的职业方向和发展目标，掌握了职场的关键技能与竞争优势，这几点是他们不同于普通员工的重要因素，再加上核心员工对自己的定位明显高于普通员工，因此，他们的期望值也就自然而然地高于普通员工。

第三，易流失。现如今，社会各行业的发展都处于激烈的竞争状态，各企业的发展也是如此。在这种情况下，企业要想持续发展就需要招聘更多优秀人才。而对于优秀人才来说，自我价值的实现是他们所追求的，薪酬福利的获得是他们所期望的，因此，面对高薪、高职等极具诱惑力的条件，他们也很容易跳槽。

第四，不可替代性。核心竞争力是每个企业所具有的独特优势，这种优势不易被模仿，更不可能被超越。而核心员工作为企业重要职位上的工作人员，他们具备核心技能和关键知识，是企业在激烈市场竞争环境下能够可持续发展的动力和保障。因此，核心员工对企业的发展起到了决定性作用，如果出现核心员工离职的情况，那么将会对企业造成负面影响，而且由于职位的特殊性和重要性，人力资源管理者无法在短时间内找到合适的人才。

（2）核心员工的价值体现。在创业型公司中，核心员工的价值体现在以下几个方面。

第一，帮助企业稳步发展。在市场经济快速发展的趋势下，创业型公司面临着一系列风险，如经营风险和技术风险等。若企业缺乏风险防范意识，没有制定风险防范措施，则企业的发展将会面临经济损失等严重问题。核心员工不仅具有丰富的工作经验以及较高的素质和能力，而且对风险具有敏锐的洞察力和规避能力，从而可保证企业可持续发展。

第二，促使企业创新发展。在企业的生产运营过程中，无论是产品的创新研发，还是技术的更新升级，都离不开核心员工的付出与努力。核心员工是企业自主创新的中心，能够为企业带来竞争优势。

第三，使企业可持续发展。企业培养新人的目的非常明确，就是防止出现人才断层的情况，确保公司可持续发展。通常情况下，核心员工与企业的成长步伐是一致的，核心员工所掌握的知识、技能和经验也是企业的财富。核心员工通过培养新员工，既能够将自己所掌握的知识与技能有效地传承下去，还能够帮助企业实现可持续发展。

（3）核心员工的保留策略。要想留住核心员工，企业应该做到以下几点。

第一，薪酬待遇市场化，满足员工心理平衡。企业的薪酬体系一般都是基于员工的工作绩效而建立的，也就是说，工作绩效决定着员工的薪酬额度，同时薪酬额度还反映出员工的价值。随着企业的发展和市场的变化，薪酬体系要随之改进和完善，对员工的行为习惯和工作目标也要有所调整。此外，需要注意的是，薪酬体系一定要体现出公平性、合理性以及竞争性，合理公正的薪酬体系和政策是企业留住核心员工的重要手段。

第二，激励形式多元化，提升员工积极性。目前，创业型公司的发展现状及其特点主要体现在激励机制缺乏多样性、长期性和保障性。激励机制和薪酬体系是否完善直接影响着员工的工作效率和绩效水平，从而影响企业的运营和发展。因而推行合理有效且完善的激励机制是创业型公司实现目标的基本保障，同时也是提高员工综合素质和工作能力的重要举措。

第三，企业管理规范化，保障员工成长空间。企业各部门的运营都离不开管理，也就是说，管理贯穿于企业整个运营过程。因此，企业要高度重视对管理方面的提升，让员工认识到管理的重要性，创建一种有利于公司持续发展的管理组织模式。

随着企业的持续发展，管理工作也逐渐规范化。管理规范化对于企业的生产经营具有至关重要的作用，是企业所有员工都应该共同遵守的规定和准则。

第四，组织架构扁平化，减少沟通障碍。传统的组织结构以纵向沟通为主，这种组织形式对员工之间的交流造成了阻碍；而扁平化组织结构恰好解决了沟通障碍问题，加强了各部门成员之间的横向沟通，实现了对外开放交流。社会经济的快速发展、市场环境的变幻莫测，都要求企业要及时做出适当调整和正确决策，只有这样，才能保证企业的竞争优势，而扁平化组织结构将更利于企业快速适应市场的动态环境。

除此之外，扁平化组织结构既可以提升企业的管理水平，还可以降低企业的管理成本，实现信息的快速传播与资源共享，加强企业各成员之间的沟通，尤其是领导和员工之间的交流，更重要的一点是，为各成员展现自主性提供了机会。

第五，企业文化人性化，增强员工归属感。不管是已经发展成熟的大企业，还是处于创业时期的小公司，都应该重视企业文化及其建设。优秀的企业文化可以为企业营造浓郁的文化氛围，形成企业所需的精神力量，从而间接提高企业的经营和管理水平，加强员工的工作能力和合作能力。

营造充满人文关怀的企业环境和文化氛围，能够增强员工的归属感，让员工深刻意识到自己与企业之间是相互依存、共同成长的关系，即员工的成长情况决定着企业的发展水平，企业的发展成果决定着员工的利益，从而促使员工实现自我价值，为企业发展贡献力量。

（五）创新创业团队的组建要求

1. 创业者的自我评估

（1）相似性角色。人在交往过程中往往愿意与在很多方面和自己相似的人交往，这样更容易互相了解，更加自信地对未来行为做出反应和预测。创业者在创建团队时也容易遵循相似性原则，更愿意选择在背景、教育、观点上与自己相似的人，因此，团队成员大多数来自同一领域。但是这种选择成员的方式也存在很多问题：知识、技能、经验的重复程度高，导致过多的冗余，使企业因缺乏其他领域的专门人才而不能进行有效的运营。

（2）互补性角色。相似性角色的选择可以让创业者在创业企业的管理中感觉到得心应手，但是由于企业需要的人才是多方面的，因此，团队中成员具有各方面的知识、技能、经验对于企业来说是有利的。一个团队成员所缺少的可以由另一个成员来提供，他们形成的整体效果会大于各成员的总和。所以，强调团队成员的互补性可以说是一种更好的策略，可以提供给企业更多样化的人力资源基础。

（3）创业者的自我评估。创业者在组建团队的时候，需要从知识基础、专业技能、创业动机、承诺、个人特点等多方面进行自我评估，只有这样才能组建成更加有效的创新创业团队。在知识、技能、经验上遵循互补性原则，在创业动机和个人特点上考虑相似性原则，这是一种选择成员的有效平衡方法。

2. 选择创业的合作者

（1）认知性冲突。认知性冲突是指团队成员在企业经营管理过程中对问题的意见、观点不一致。这种对问题存在分歧的情况是有效创业团队存在的一种正常现象，它有助于提高团队的决策质量和组织绩效，促进最终的决策在团队成员中的接受程度。

（2）情感性冲突。情感性冲突是指成员之间在人格化、个人关系、个人导向方面存在不一致。它会导致团队的绩效被破坏。情感性冲突的发生往往会让团队成员不愿意对问题进行深入的讨论，阻止成员参加有效的关键性活动，从而降低团队绩效。这种冲突往往会导致成员之间的不信任、回避，阻碍团队的开放式沟通和交流。

3. 创新创业团队的要素

（1）目标。目标是创新创业团队结构建设的组成要素之一。创业者将在工作上相互关联、相互依存的个体组成团队，在此基础上通过合作的方式，共同努力实现团队的目标。对于创新创业团队而言，公司的正常运营是实现创业目标的基本前提，而目标的实现需要全体成员共同完成创业阶段的每个环节的任务。

（2）定位。创新创业团队的定位是指公司根据现有的组织结构和发展情况，同时结合市场的发展变化，利用多种不同的方式和手段，确立公司的发展方向，并组建新型的组织形式。这种新型的组织形式要打破以往的思维定式，并且表现出显著的凝聚性及合作性，将团队成员组建成具有高凝聚力的合作性组织。创新创业团队定位的思路是先确定团队的全部成员，再根据每个成员的表现筛选出团队负责人，然后制定团队管理规范制度和有效的激励措施，明确各成员的工作任务和职责，以及整个团队的组织结构形式。

（3）职权。职权是团队中目标和定位的延伸，具体指团队成员所需要承担的职责和享有的权限。换而言之，职权是指团队的工作范围以及在一定范围内进行决策的支持程度。职权的划分是以团队的规模、结构以及定位等方面的内容为依据的。

（4）计划。在明确全体成员的职责和权限之后，团队要制订详细缜密的计划，将职责和权限进行分配，再通过指导的方式，让成员充分掌握和理解自己的工作内容和具体做法。

（5）人员。团队人员的选择和确定决定了团队的发展水平。团队成员的选择要从多个层面进行考察，如知识、技能和经验，要根据企业发展需求有针对性地选择人才。此外，团队的目标、规模和类型也是确定人才时需要注意的因素。

4. 创新创业团队的组建原则

企业在创业初期面临的最大挑战是团队的组织和管理，这是创业企业能否成功开展业务的关键因素。此外，在企业进行人力资源管理的过程中，对于团队的组建和管理是其中的核心，只有在公司拥有一支优秀的核心员工队伍时，公司创业成功的可能性才会增加。在组建团队时，公司创始人需要考虑以下原则。

（1）合伙人原则。创业公司在用人方面与普通公司之间有根本的区别：常规公司雇用员工，员工是在为公司工作；然而创业公司是在招聘合作伙伴，招进来的合作伙伴是将工作作为自己事业的，其重要性不言而喻。只有将员工视为合作伙伴，创业公司才能迅速成长。因此，创业团队需要寻找的成员是合作伙伴，需要遵循合伙人原则。

（2）热情原则。创业公司在启动之初有很多工作要做，成员们需要精力十足。要保持这种状态，团队中的每一个成员都必须对工作充满热情。对事物的热情程度是一个人成功的关键指标。在创业初期，成员在完成大量工作任务的同时，需要工作的时间也非常长。如果所有成员，无论级别高低，都对自己的创业生涯缺乏信心，那么他们将处于消极状态，并且这种状态将波及团队中的其他成员，其后果是非常严重的。

因此，保持成员的创业热情对公司的创业结果至关重要。

（3）团队原则。创业公司是否能取得成功是由整个团队决定的，而不是团队中的某个人。团队造就了企业的凝聚力，团队中不能存在个人主义，成员们的价值如何，应该体现在为团队做出的贡献上。团队中的每个成员必须以团队的利益为最高目标，每个人在工作中都应该积极分享，喜悦和困难都要共同承担，这样，一个团队才可能成功。

（4）互补原则。创业的团队需要具备各种才能的人。比如，需要管理者，而且要求管理者不仅需要具备全面独到的战略眼光，还需要有耐心；需要可以内部协调和外部沟通的人才；需要擅长技术的专门人才；需要营销能力突出的人才。总之，团队需要各类人才，要兼顾到创业工作中的每一个方面。选择团队成员时，创始人还需要根据当下的不足之处去挑选，需要找到匹配的成员来弥补现实与理想的差距。在一个好的团队中，成员们的能力可以形成很好的互补，这种互补性对团队成员之间的合作也非常有帮助。因此，对于企业创业的成功，建立具有互补优势的团队是关键因素。除此之外，选择成员时，成员们的个人特征和个人价值观等都需要考虑进去，并且，创始人需要听取团队成员的建议。

5. 创新创业团队的组建步骤

组建创新创业团队需要按照一定的程序来进行，具体步骤如下。

（1）创业者首先需要广泛召集企业界人士、领域专家、目标客户等群体讨论企业的具体职能和经营活动以及关键问题，通过探讨宏观和微观层面的问题来决定企业将来的发展方向。

（2）列出包括创业者在内的所有候选团队成员名单和他们的个人特点、所擅长的业务。

（3）根据所选项目的特点和企业的组织职能形式来确定创业团队的规模和成员人数。

（4）运用比较优势理论、相似性和互补性原则等来确定团队成员。

（5）将企业的主要业务活动分配给所有的团队成员。

（6）为每一项主要业务活动设定职权范围并为负责人设定目标。

二、大学生创新创业团队建设的路径

在当下迅猛发展的信息时代，人工智能技术越来越先进，许多人工正在被智能机器所取代，企业也正在削减对人力资源的需求。在这种情况下，国家出台了支持创新创业的政策，以鼓励大学生勇于进行创业。大学生进行创新创业具有非常多的优势。首先，大学生具有可以减少创业试验和降低错误成本的理论知识；其次，大学生年轻而充满活力，不惧怕困难，勇于拼搏；最后，受益于大环境的影响，大学生创业可以得到学校和社会的支持。

大学生很难独自实现创新创业的成功，因此组建一支创新创业团队是非常有必要的。大学生创业能否成功与团队建设关系巨大。大学生的创业团队将具有相同理想和目标的人汇聚到了一起，旨在某一特定的业务领域发展以获得经济利益。大学生在学校接受了有关创业的专门培训，对国家关于创业的相关法律法规有了一定了解，熟悉了基本创业流程，做好了市场前景分析，确定了合适的商业模式。在这一基础上，大学生有选择地确定成员，让团队拥有了专业不同、核心能力不同的人才，彼此相互信任，进行团队合作，一起打造有自身特色的企业文化，制定企业发展战略，共同谋求创业的成功。

组建大学生创新创业团队的措施和建议如下。

（1）需要对此建立专门的法律制度。增加政策支持并加强和完善相关法律体系的建设，这对大学生创业的大环境有着积极影响。与组建大学创业团队有关的政策和法规，应该升级到法律层面。关于团队中的财产分割，所有权的争议等必须以法律形式进行管理。

（2）对大学生创新创业的培训体系应进行完善。在校园中，大学生受到创业教育的机会较少，不仅如此，大学生的商业经验也不够，缺乏管理经验。因此，大学生在建设创业团队的过程中需要专家的指导和支持。一方面，大学生需要聘请导师对团队建设进行指导；另一方面，国家需要在社会环境中，比如各种人才市场中建立创业培训的体系，通过多渠道的助力，帮助具有创业思想的大学生组成团队，帮助他们实现团队管理，为他们的创业助力。

（3）为大学生搭建创业平台。在这一过程中存在一个问题，即组建的大学生创业团队的成员的整体素质不高，并且在组建过程中，大家找不到自己理想的创业团队成员，这主要受到社会创新创业环境的影响。由于大学生在社会上的影响力不够，他们只能邀请周围的人加入自己的创业团队。这些人主要是同学或者家人，他们的知识和相关技能都无法全面满足创业需要。而如果通过招聘的方式获得其他创业成员，又可能导致整个创业团队的凝聚力不够，在团队遇到困难时，大家不能很好地解决问题。国家应投资建设创业环境，以建立有效促进大学生创业的平台，促进大学生之间的创新创业交流。在这一平台上，目标相同的大学生能够获得彼此的信任，为相同的目标努力，并完成自己创业团队的建设。

当下的社会背景是鼓励创业，因此，在这一大背景下组建创业团队变得越来越重要。创业能否成功与创业团队的组建密不可分。不仅如此，创业团队的组成必须受到国家法律的保障，创业团队也应该受到法律法规的约束。因此国家必须出台相关法律法规，以指导和规范大学生创业团队的形成。同时，在这一过程中，还应投入相关的社会力量对大学生进行创业培训，使大学生能够丰富自己的创业知识，提高自身的创业能力和专业技术能力。培养大学生的创新创业精神不仅是大势所趋，对大学生自身的发展也非常重要。

第三节　大学生创新创业的资源整合及途径

一、高校创新创业资源存在的问题

首先，大学生对资源的使用能力低，对学校和政府的依赖性比较强。大学生习惯性地依赖政府和学校提供的资源，没有从市场获取资源和途径的意识，或者说意识薄弱，而过于依赖学校和政府为创业提供的资源很难保证创业项目的长久发展。

其次，创业资源利用率不高。学校建设有高级实验室，配备有先进的仪器和各种设备，而且还有创业空间，这些对于大学生创业来说都是非常重要的。这些仪器没有得到有效的利用也是创业资源存在的一个显著问题。除此之外，政府也为创业提供了相关支持，比如资金、技能训练等，但是资源设置的门槛过高导致很多资源没有被及时有效地利用。

最后，创业资源固化严重，缺乏流动性。创业资源目前来看总体供应不足，在这样的情况下还有一些教育资源没有得到有效的利用，无论是资源的横向流动还是纵向流动都存在资源固化的现象。资源的固化不利于社会资源和市场资源向创业项目的流动。尤其是企业资源，企业是创业的重要合作对象，但是在创业教育方面企业参与的较少，校企之间缺乏深层次的合作。[1]

二、创新创业资源的理论支持

企业资源基础理论（RBT）兴起于西方20世纪80年代，主要从企业内部资源要素属性的角度来考察企业竞争优势。这一理论对整合企业资源、挖掘资源潜力、激活生产要素、推动经济发展起着重要作用。RBT理论认为：企业不仅是一个管理单元，还是生产性资源的集合体；企业由于资源禀赋的差异而呈现出异质性，企业的竞争优势来源于企业拥有和控制的有价值的、稀缺的、难以模仿并不可替代的异质性资源。

1. SWOT 分析

SWOT 分析方法强调要企业在维持竞争优势过程中，将注意力放在外部环境的变化及其对企业的影响上，正确认识自身资源和能力，采取适当的措施，把资源与行动聚焦在自己的优势和有最多机会的地方。新常态下企业面临的竞争压力更大，产业结构的调整升级对企业的生产要素资源配置提出了更高要求。当前，大学生创新创业必须迎合这种发展趋势，正确认识自身资源和能力，做到扬长避短。

2. 核心资源分析

资源是维持竞争优势最重要、最基本的因素，是企业竞争优势的物质基础。每个企业的资源层次从上到下依次为突破性资源、核心资源、基础资源和外围资源。其中，核心资源对企业竞争优势的影响最大。核心资源是保证一个商业模式顺利运行所需的最重要的资产，包括实物资源、金融资源、知识资源以及人力资源。这些资源使得企业得以创造并提供价值主张，获得市场，保持与某个客户群体的客户关系并获得收益。新常态下大学生在创新创业过程中的宝贵资源是知识资源和人才团队资源。

---

[1] 胡吉良，陈慧群，刘丁慧．新常态下大学生创新创业资源整合问题研究——以企业资源基础理论为分析视角 [J]. 卫生职业教育，2018，36（03）：10-12.

3. 资源使用能力分析

企业竞争力主要由企业的资源禀赋决定，是企业在能力（无形资源）和产品（核心产品、最终产品等有形资源）上优势竞争的结果。资源基础模型的层次从上到下依次为：①资源——优势和劣势；②能力——结合运用各种资源；③竞争优势——战胜对手的资源与能力；④行业选择——有资源优势和吸引力；⑤战略制定和实施——制定能使企业最大限度地利用其资源和能力实现超额利润的机会战略。因此，在大学阶段成功创业的关键不在于初始资源占有多少，而是控制和使用资源的能力。

4. 资源拼凑分析

资源拼凑的关键就是发现现有资源的新用途或使用价值，重构或创造性地利用现有资源，突破现有资源先前利用经验的束缚，创造创业机会。手段导向型的资源拼凑（利用现有资源）和基于社会关系网络的资源搜寻（获取新的资源）是创业者摆脱资源约束的两种重要策略，具有凑合利用、突破资源约束和即兴创作三个特点。大学生创业面临资源约束问题是普遍现象，这会促使他们利用更少的资源来获得更大的利润。

5. 创业过程分析

蒂蒙斯创业过程理论认为，创业是由商机、资源和团队三要素相互作用、共同驱动的过程，是创业团队如何在把握商机和寻求资源之间保持动态平衡的过程。资源是创建企业必需的支撑要素，其需求形式、大小和深度由商机决定。成功的创业团队必须制订科学的战略规划来认识、控制并合理配置资源，而不是被资源牵着鼻子走。根据这一理论，在激烈的市场竞争中，创业者快速准确地把握商机和创建一支优秀的领导团队是成功的核心与关键。

三、大学生创新创业资源的整合途径

为了更好地促进大学生创新创业，需要整合创新创业的资源，学校可以发展自身技术研发、举办创新创业大赛、创建创新创业孵化园区，形成资源之间的流动和共享、项目之间的连接以及市场之间的对接，为大学生创新创业资源的整合提供更为丰富的途径。

第一，发展学校自身的资源优势，联合校外的资源。学校有丰富的创业资源，地方政府和企业也能够为创业提供其他方面的支持。学校可以利用共青团作为连接政府和企业的桥梁，将校内外的资源进行整合，努力获取社会上的资源支持，打造校内的创业平台，比如创客空间、创业大赛，通过这些项目的建立和社会、政府之间建立良好的互动和沟通平台。

第二，发展在校大学生自身的优势，获得创新创业的资源。社会普遍认为大学生进行创新创业会缺乏场地资源、设备资源以及资金支持，但是这种认识是片面的。企业资源的理论认为企业资源指的是可以帮助企业提升工作效率的一切相关资产、能力以及公司的组织和特征。一般情况下资源分为三类，分别是物质资本、人力资源和组织资本资源。作为一个企业，它的核心资源是物质资源、人力资源和资金资源之外的企业资源。如果大学生在创业过程中能够开发出企业发展所需要的核心资源，那么对于创业来说是非常有利的。因此我们需要发现大学生自身的优点，帮助他们积累企业发展所需要的知识和技术，获取更多的创业资源。

第三，打破自身资源的限制，从其他途径获得创业资源。大学生是当今时代创业的主体人群，如何帮助大学生解决资源的获得、资源的整合是创业教育需要解决的问题。大学生创业除了需要有创业政策、创业场地、创业资金的支持之外，还需要寻找创业层面上的合作关系，比如咨询相关创业专家、寻求创业意见、进行风险投资管理等，只有这样才能保证创业项目的长久发展。从其他的途径获取创业资源有助于联结外部资源，企业的发展过程就是社会资源不断聚集的过程。企业在社会市场中竞争力的高低主要取决于企业资源的配置是否均衡、优化，企业对资源的使用应该是补充性的、增加性的而不是占有性的。通过资源的补充和增加，优化资源的配置，降低企业发展过程中的风险。

第四，培养学生利用创业资源的能力。企业对资源的获取能力是在资源的分配、获取、使用过程中逐渐形成的，包括对资源的研发、生产，对产品的营销和管理。在学校的创业教育过程中，应该注重培养学生的创业品德、创业素质，提高学生自主创业的能力，培养他们不断拼搏、刻苦奋斗的能力，形成适应社会企业发展的价值思维和企业管理方面的能力。创业不仅仅需要知识能力和技术能力，还需要合作能力、谈判能力以及对社会人力和资源的开发能力，这都是创建企业所需要的。

资源对企业来说是企业不断成长、不断进步的基础，每个企业都有自己发展的优势资源。对于大学生来讲应该明确，创业并不是从外获取资源，而是以自身独特的资源为基础，结合外来的资源加以优化配置，进而保障企业的长远发展。当今环境下，学校的创业教育应该帮助学生正确分析创业优势和创业所需要面临的挑战，帮助学生培养资源的获取能力、资源的整合能力和资源的使用能力，培养大学生对资源的整体掌控能力。

第五章　高校『广谱式』创新创业教育实践探究

在重视素质教育的今天，越来越多的人开始探索创新创业教育的模式，就是在这样的教育研究背景下，“广谱式”创新创业教育被提出来。这是一种全新的教育理念，弥补了传统教育的弊端，使得教育更有针对性，而且更加全面，在教育中也实现了层次化。本章主要围绕“广谱式”创新创业教育的体系构建、生态建设以及实施路径展开探讨。

第一节　“广谱式”创新创业教育的体系构建

一、“通识型”启蒙教育

“通识型”启蒙教育以培养学生的“创业精神”，加强“创业意识”，帮助学生提高“自主工作”和“持续学习”的能力为主要目的。这种教育把培养创新创业精神放在首位的一个重要原因，就是在人们没有充足的创业精神而难以自主创业的情况下，让他们明白创办一个企业通常会走的“弯路”。在这种启蒙教育下，学生创新创业的愿望会更加强烈。

创新创业教育课程大致有以下两种类型：第一种的受众主要是已经有具体创业意向的学生，为他们开设专门性质的教育课程；第二种主要是面向一般学生开设的培养型课程。这种分类是很有讲究的，但就个人而言，还要对第二类学生进行更加细致的分类。在对“一般学生”进行课程教育之后还能将其分为以下两种类型：一类是没有自主创业意愿的学生；另外一类是有独立创业的志向，但不打算在校期间或毕业之后立马进行创业的。针对“一般学生”，创新创业教育要充分考虑到这种情况，让“一般学生”变得“不一般”。此外，这类“经由就业走向创业”的学生，在有了 5 ～ 10 年的工作经验后，又可以被分为以下三种类型：第一类是完全放弃了创业的意向，只想做个员工；第二类是升职到管理层面，成为“内创业者”；第三类是成为真正的创业人员。学生未来的工作道路是不可预测的，这就在客观上重新定义了面向全体学生的创新创业“启蒙教育”实际上是对“创业教养”的教育，即这类教育的重点是对学生“创业气质”的培养。[1]

“通识型”启蒙教育的方法主要是“课堂教学”和“参与体验”。课堂教学需要着重解决两个问题：第一个是教学内容的问题。有关专家学者曾通过教室学习环境和企业具体实际情况之间的对比，发现学校过于注重过去，把重点放在了对信息的理解分析上。与其相比，企业家更加注重当下，而不是一味地进行批判性分析。他们更多的时间是用在解决问题上，利用自己的经验，在处理问题中学习。由此可见，课堂教学要充分考虑企业家具体实际的学习环境，教学内容要侧重于现实，避免“厚古薄今”，聚焦于解决当下实际问题。

第二个问题是教学方法问题。在这方面， 要注重利用探究式和采取案例式的教学方法。但是案例式教学的实际效果也并不是都是好的。由此可见，案例是教学方法只是一种教学手段，最重要的是如何利用它来达到教学目的，教学方法的前提是将学生放在主体地位，培养学生独立自主决策和创新创造性实验的能力，以此来提高他们的创新创业能力。

参与体验的主要方法是举办各种类型的创业计划竞赛。“挑战杯”中国大学生创业计划竞赛是我国当今大学生参与创新创业教育的主要途径，竞赛每年都会吸引上万名大学生直接或间接地参与进来，并了解创业的具体情况，对学生起到了很大的教育作用，并得到了各方面的认可。但是也有学者发现，这项旨在提高学生创新创业能力的活动也存在很多不足。如参赛过程中的主导者主要是某些精英学生，大多数学生仅仅是个旁观者；比赛过程偏重于形式，而忽视了对参赛者的赛前培训和赛后项目转化；比赛过程很激烈，但学生的收获不够多。事实上，这些不足之处既有赛方的组织原因，也有比赛过程中无法避免的因素，而这些问题的解决需要政府、社会、各大高校、教

[1] 张等菊．“广谱式”创新创业教育的意蕴、策略及路径研究 [J]. 高教探索，2016（10）：13-17.

育体系等多方面的共同配合。

而对于比赛本身来说，应该将“实践导向”放在首位，形成两端拓展的局面。一方面是对赛前培训的拓展，不把比赛本身当目的，更是通过比赛促进学生的学习和教师的教学工作，因此，要落实赛前培训各项工作，把培训对象由参赛学生拓展到所有学生，在这一过程中让学生深入了解创业文化。培训指的不仅仅是教学生做创业计划书，更重要的是让学生走入实践活动中，深刻了解市场调研，得到第一手资料，不断提高学生把握机会、抓住商机、了解社会的能力。另一方面是对赛后项目转化的拓展。比赛结束后要做好项目对接和运营工作，这些能够把一个创业想法转变为商机的过程，都应该设立专门的部门来进行安排和规划。

不过，要想从更多的创业想法中获得具体成效，不能仅依靠赛事的组织者，还需要设立专门的规划部门为其注入强大的动力。此外，参与体验的方法不止于此：一方面，可以利用孵化器与科学园等作为教师和学生的研究基地，促进大学生企业的衍生，提高企业的生命力和活力；另一方面，还可以对学生开展的俱乐部、社团、创业暑假学校、创业论坛等活动大力支持，鼓励学生到创业企业去实习，深入促进“广谱式”创新创业教育的发展。

二、与专业结合的“嵌入型”教育

“嵌入型”创新创业教育的主要目标是根据不同学科特点，引导学生根据专业特长进行创业。当前高校创新创业教育课程存在的共同缺点就是与各学科专业教育的疏离。有学者指出：目前的实践和研究多集中在“创业教育”和“专业教育”的各自领域，缺乏系统性研究，缺乏二者之间融合并使之融入学校整体教学体系之中的有效机制，这就使创业教育理念的灌输和创业教育实践的可持续发展缺乏支撑动力。为了切实解决这一难题，需要全面建设“嵌入式”创业教育课程体系，通过将创业教育的理念和思想“嵌入”各个学科专业，开发多样化的学科创业课程，从而实现创业教育与专业教育的“捆携式发展”，以此来达到面向全体学生开展创业教育的“全覆盖”和“个性化”目标[1]。

当前很多研究创业教育的学者在论证创业教育与专业教育的关系时，普遍提出了

[1] 王占仁．“广谱式”创新创业教育通论 [M]．北京：教育科学出版社，2017.

“渗透式”“融入式”的思路，将创业教育的内容全面“融入”专业教育，或者是在专业教育中“渗透”创业意识、创业精神。这两种做法在设计时看似会减少创业教育与专业教育结合的难度，但实际运行过程中却会遇到非常大的困难。因为学科专业的课程由不同学科的教师开设，已经形成了固定的课程范式，在原有框架的基础上融入和渗透创业教育的意识和精神，往往会体现为教学大纲中的指导思想，却不会在实际教学中付诸实施。

运用生物学中的共生理论来探讨创业教育与专业教育的关系：二者既不是寄生条件下的“点共生”模式，也不是偏利共生条件下的“间歇共生”模式，而是对称互利共生条件下的“一体化共生”模式。这也正是本书采用“嵌入式”，而没有采用“渗透式”“融入式”的主要原因。因为“渗透”和“融入”都是以专业教育为主，将创业教育纳入其中，这容易使创业教育失去自身的主体地位，成为专业教育的“寄生物”。而“嵌入式”则不同，它是突出二者的相互促进和支持、优势互补和交叉渗透，最终目的在于形成新的教育体系。二者结合的过程是一个互利共赢的过程：一方面以创业教育的新理念为指导，深化专业教育改革，促进专业教育发展；另一方面，创业教育的嵌入并不影响现在已有的知识传授，这样就在实际上扩展了创业教育的实施平台和发力空间，使创业教育的“合法性”不断增强，从而获得可持续发展和进步。通过有效的结合，最终产生一个包括一般性创业课程、专业技术领域课程、体验性创业课程三类创业型课程的课程群，实现对本学科专业学生的个性化创业教育。

将创业教育与专业教育紧密结合是绝大多数从事创业教育教学、研究与实践的学者的普遍共识。但是当前存在着理论与实践的严重背离。在理论上，大家都认为创业教育应该与专业教育相结合；在实践中，却实行着与专业教育相分离的创业教育。究其原因，不是不想结合，而是缺少具体的途径，使得“嵌入”难以进行，因此我们提出了“三分两结合”的嵌入思路。

（一）分专业、分阶段、分群体嵌入，提升课程的针对性

首先是“分专业”实施个性化培养。不同专业面临着不同的创业形势，对应着不同的创业市场，将创业教育“嵌入”专业教育，必须区别不同的专业特征，制订个性化的教育方案。例如，在创业形势方面，2000 年前后兴起了网络创业，但是随之而来的网络泡沫经济又使得网络创业走向低谷。在对软件和计算机专业的学生进行创业教

育时，如果能以这一具体过程作为案例，进行深入剖析，就会收到事半功倍的效果。又如当今迅速兴起的生物制药行业，对于生物工程专业的学生是一个很大的吸引和挑战，他们迫切想了解这一行业的发展状况和运行规律，如果施以有针对性的教育，就会收到很好的教育效果。所以创业教育“嵌入”专业教育，就是要“以专业为基点，夯实专业基础，发挥专业优势，尤其是专业前沿的优势，满足技术创业的需要”。

其次是“分阶段”实现接续性培养。学生在大学的学习有不同阶段，其中本科阶段又分为四个年级每个年级都有不同的专业教育内容和目标。针对这一现状，在不同教育阶段，创业教育课程应“梯级性”开设。具体设计是将本科四年分为两个阶段：为大学一、二年级学生提供入门和中级的创业教育课程，其课程开设方式既可以以“广谱式”创新创业教育通论形式在大类课程中单独设置，也可以渗透于某门学科；为大学三、四年级学生提供高级创业课程，既可开设辅修或强化项目，也可专门设立创业学方向。

“梯级性”课程设计模式整体上科学合理，可以保证创业教育的系统化和科学化。但是对于不同的阶段还应该有细致区别，要实现教育分流，对于没有创业意愿的学生，可以免教，而对于有创业意愿的学生则主要采取实践体验教育方式。

最后是分群体实现差异化培养。在创业教育方面，既要坚持面向全体学生，又要明确并不是所有的学生都适合创业。在创业教育“嵌入”专业课程的过程中，要在开展“广谱式”教育的同时，针对有创业潜质和创业意愿的群体开展有针对性的教育。创业教育应该是一个主动行为，对于那些暂时不想创业的学生，只要完成创业意识、创业精神、创业文化的启蒙教育和熏陶就足够了，对他们系统讲授如何开办和管理企业，不会引起他们的太大兴趣。同时，对于那些很想在大学期间或毕业后就创业的学生，只进行意识、精神、文化层面的启蒙也是远远不够的，针对这些学生，要在学科课程上拓展拓深，从识别机会、创业计划、组建团队、企业融资一直到初创企业管理和持续发展战略进行系统的传授。同时加大项目课程和实践课程的力度，让这些学生有实际开办和管理企业的体验。

（二）推进“嵌入式”创业教育课程与专业的深度结合

首先是创业教育“嵌入”单一学科，促进创业能力培养与专业能力提高相结合。这一做法重在“将科技的威力与创业精神相结合”，因为成就非凡的工程师不仅具有学术的造诣，而且拥有创业型的技能。通过这种结合既培养具科技专业知识的企业家、知识创业者，也培养具有企业家素质的科学家、工程师和大学的“平民学者”。这种实践模式抓住了大学生创业的关键，即高科技创业，这是克服当前中国大学生创业同质化倾向的重要途径。

其次是创业教育“嵌入”多学科，促进创业体验教育与多学科交叉结合。在很多情况下，阻碍研究成果商业化的根源并非技术本身的问题，而是导致商业化过程变得复杂的法律问题或者市场问题。解决这一关键问题的具体途径就是构建团队来开发和利用商业创意，使经济、商业的学生和其他学院不同背景的学生混合在一起学习。以创业为共同目标，将不同专业的学生聚集到一起，为多学科交流搭建平台，可以切实打破不同学科之间的分离状态，为从交叉领域诞生创业机会奠定坚实基础。

创业教育与专业教育紧密结合，开发建设“嵌入式”创业教育课程有着明显优势和重要意义。其中最大的优势在于大学、教师、学生可以三方获益，特别是通过鼓励可以吸引不同学院的教师参与到创业教育过程中，从而有利于改变创业教育在专业教师心中的印象，有利于把创业教育纳入整体育人体系和专业人才培养方案之中，进而提高创业教育的学科地位。

除此之外，在组织模式、教育方式和科技成果转化方面，“嵌入式”创业教育也有着明显优势和意义。

第一，从组织模式上来看，实现了重心下移。由学校就业或创业教育中心直接组织，变为在就业或创业教育中心的统一协调指导下，吸引各个学院和学科专业来共同组织，这样就突出了学院和学科专业的主体地位，既调动了学院教师和学生的积极性，又便于充分考虑和照顾不同学科专业的实际特点，实现了“全覆盖、个性化”的教育培养目标。

第二，从教育方式上来看，促进了学思结合、知行统一。专业教育可以教学生系统的知识，具有不可替代的作用和地位；而知识创业教育基于知识创新与创业过程现实逻辑，是自然科学、工程技术领域专业知识与人文、社会科学领域的多学科知识交叉综合的体系教育，注重学术实用性和实践性，培养的是具有自主知识创新能力的创新、创业型人才，也是“研究－工程技术应用－创业”的三栖人才。从“两栖”到“三栖”的转变，体现出通过开展创业教育，培养学生的创业意识和创新思维，可以充分活化学生的专业知识，激活其结合社会、实际应用的智慧，弥补单纯专业教育的不足。

第三，从科技成果转化方面来看，推动了创新成果的市场化和商业化。各个学科专业的新发明、新专利、新创意、新热点都有可能成为创业的增长点，关键是如何发现其中蕴含的创业潜力，并将思路转化为商机，迈出知识资本化、技术产业化、创新商业化、产品市场化的关键步伐。结合学科专业开展创业教育，可以很好地解决这一问题，使学生开阔眼界、增加阅历，使学科专业的研究与社会需求紧密结合，缩短创新周期，抢占创业先机。

三、“专业型”的创业管理教育

“专业型”创业管理教育的主要目标是提升学生创业实战技能，培养其实际创办企业的能力，主要通过开办创业先锋班进行。“专业型”创业管理教育也称为“单纯的创业性教育，是创建企业的教育，是培养创业者的教育”。“专业型”创业管理教育要培养受教育者形成创业所必需的领导力与决策力、全球化的视野、敏锐的市场洞察力、务实踏实的工作作风、锲而不舍的意志品质、组织协调能力以及与人沟通的技巧，还包括商务谈判、市场评估与预测、启动资金募集等多方面教育，以使受教育者具备金融、财务、人事、市场、法规等方面的基本知识。通过专业性教育，这些学生能够在大学期间系统地接受创办和管理中小企业的知识和技能，提高驾驭能力和规避风险能力，减少无谓的失败，从而提升创业成功率。

由于“专业型”的创业管理教育是针对少数学生进行的，所以多采取开设“创业先锋班”（OBP）的方式来开展有针对性的教育。OBP 课程是培养下一代具有开拓精神的企业家的特别课程。课程对学生有严格的要求，在入学时就要求学生有明确的创业意向，在通过考试和基础测试、面试等选拔环节之后，每期选定约 25 人组成创业先锋班。学员以自己的所学专业为基础，通过一系列独特的课程掌握会计能力、国际交流能力、信息处理能力等基础能力以及分析问题和解决问题的能力，以培养创业开拓者为目标。

四、“职业型”的创新创业“继续教育”

“职业型”创新创业“继续教育”的主要目标是提供职业化的教育、咨询、培训、服务和力所能及的创业援助，帮助创业者渡过企业初创期。以上所论三个层次的创业教育，都是针对在校大学生群体开展的。实际上，当前中国最为缺少的是针对另外一个群体的“继续教育和援助”，这个群体就是毕业时选择创业的群体。那些在毕业时选择创业的毕业生会面临多方面的困难，在他们最需要帮助的时候，母校就是他们最坚实的依靠。学校要通过力所能及的各种途径和方式，对新创企业的毕业生开展援助，为其快速走向正轨提供帮助。

在对毕业时选择创业的群体支持方面，德国有着很好的理论与实践，其主要通过三个方面的实际措施来支持初创企业的大学生创业者，值得我们学习和借鉴。

（一）依托科技园与孵化器帮助学生顺利创办创新型企业

德国科技园发展速度很快，对德国科技、教育事业的发展和经济、社会的发展做出了很大贡献，是德国高新技术的研究与开发中心。德国高校重视与科技园、孵化器的交流与合作，利用科技园、孵化器完善的服务体系以及丰富的市场资源，为学生提供更好的科研环境和更多的创业机会。德国鼓励学生毕业之后再创业，而不是在校期间就创业，经过毕业后两到三年的孵化期，再实现成功创业。

（二）提供学生生活补贴与创业补助金以减轻生存压力

德国为职业学校、高等学校毕业生规定了最低待遇标准，并会根据其具体情况提供相应的保险金。另外，创业者还可根据创业后的经营情况分阶段地从政府部门获得创业补助金。如果创业者自办的企业还能雇佣其他失业者，则会得到更多补贴。这些措施为大学生创业提供了有利条件和保障。部分高校还在此基础上为创业者提供了更多的金融支持。例如柏林伯易特应用技术大学在对大学生创业进行金融支持时，为每一个创业团队最多提供三份每月每人 2000 欧元的奖学金，最高可提供 2500 欧元，同时还资助每人价值 10 000 欧元的创业保障设施和 17 000 欧元的团队资助。这些项目的资助时间在 30 个月或以上，其中，国家的资助期是 12 个月，此后学校对学生创业资助再延长18个月，这个阶段由学校出钱资助。德国大学还为创业的大学生提供创业初期所需的多种便利条件。

（三）免费为有意创业的大学生提供实战性较强的培训

1998年，德国大学校长会议和全德雇主协会联合发起旨在创建一个大学生独立创业的环境，让高校成为“创业者的熔炉”的“独立精神”倡议。随后，德国有12所大学设立了专门负责研究和讲授大学生创业问题的创业学首席教授职位。与此同时，大部分高校也纷纷成立了为大学生创业提供教育与培训的大学生创业服务中心。大学生创业服务中心利用高校的教育教学环境，通过创业课程、创业咨询、创业技能培训和创业意识培养等多方面内容，积极引导和帮助大学生成功创业。

建设和完善针对高校群体的创新创业教育机制是一个复杂的系统工程，虽然需要各个方面的合力，但是高校必须成为协调多方力量的主体，切实负起应负的使命和责任，为今后中国高校开展创新创业教育做出重要努力。

第二节　“广谱式”创新创业教育的生态建设

一、“广谱式”创新创业教育生态系统的主体

高校作为“广谱式”创新创业教育生态系统的主体，是整个生态系统建设的核心。对于我国创业教育生态系统而言，首先要将高校定位为系统的主体。无论是外界资源输入，还是创新创业型人才与智力资产输出，都需要以高校为核心进行，充分发挥高校在教育方面的优势，将创业教育融入社会中，使创业教育理论与实践相结合，智力资产与互补性资产相对接，“有形的手”和“无形的手”相协调，真正发挥出高校作为创业型人才培养实施者、智力型资本激发引导者、新创型企业资源融合者的主体作用。可见，高校是整个创业教育生态系统的资源枢纽中心，也是创业者获得创业知识、创业技能，建立创业意识的重要场所。国家、社会、企业对创业教育的支持通过高校

创业教育生态系统才能发挥作用，才能将创业内化为受教育者的思想观念，提高他们创业的能力，才能外化到创业行为上来，通过培养出具有创新创业素质的新型人才反哺创业教育的其他“生态环境因子”。

在高校建设创新创业教育生态系统有两个方案可供选择：一是推动大学的整体转型，通过创建创业型大学，来实现生态系统建设目标。国外的创业型大学发展起步早，体系相对成熟，尤其是欧美发达国家逐渐形成了“政府－企业－大学”的“三螺旋”创业型大学发展模式。我国的创业教育起步较晚，但是，从高校创业教育的发展趋向来看，我国一些创业教育发展相对成熟的高校已根据自身的实际情况提出了向创业型大学转型的要求。这些大学中有科研实力雄厚的研究型大学，也有拉动区域经济快速发展的地方性大学。创业型大学将是“广谱式”创新创业教育生态系统的重要组织依托。

由于建设创业型大学确实面临着巨大困难，在当前的现实环境中，多数高校难以将建设创业型大学作为学校的发展战略，同时，创建创业型大学并非创新创业教育生态系统建设的必由之路。创业型大学当然会有结构完整、功能完善的创新创业教育生态系统，但也不否定同样的生态系统在现有大学中诞生。在现有大学体系框架内，综合分析国家发展战略、现实国情特点和教育政策导向，科学界定“广谱式”创新创业教育体系的价值意蕴，以人的自由和全面发展作为价值取向，确立“大创业教育观”，实现全覆盖、分层次和差异化教育，形成“广谱式”创新创业教育生态系统的基本定位。在此核心价值体系的指导下，构建课程教学体系和实践教育体系，将其作为这一生态系统的核心内容和实现途径；构建“广谱式”创新创业教育的运行体系和评价体系，将其作为这一生态系统的基本保障和动力源泉。

（一）价值体系

创业教育的价值在于为高等教育带来了新的发展方式，它的指导思想以及价值取向取决于高等教育如何看待创业教育，给予了创业教育怎样的教育地位。创业教育不只是对教育方法和教育内容进行的革新，更是对教育功能的重新定位，代表了教育未来发展的新追求，代表了教育结构性的全面改革。创新教育展现出的价值是由其自身的教育理念的高度决定的，也是由社会发展需求决定的。以创业教育的指导思想和价值取向高度为基础，我们可以从四个方面进行“广谱式”创新创业教育价值体系的建构。首先明确“广谱式”创新创业教育的教育内涵，确立“大教育观念”；其次，为创业教育寻找理论支撑和实践支持，主要可以通过研究国际上创业教育应用的实例，分析创业教育的教育对象、教育体系和教育方法，创建我国的创业教育价值体系；再次，“广谱式”创新创业教育价值体系应该以人为本，尊重人自由发展、全方位发展的需求；最后，“广谱式”创新创业教育的教育方式是面向全体学生进行的，创业教育的主要教育途径是结合专业教育开展的，创业教育的科学载体是进行系统性的人才培养。“广谱式”创新创业教育的价值体系是科学的、宏观的、整体的、全面的。

这些价值体系的确立需要以强有力的组织领导和研究团队作为保障。首先，高校要重视“广谱式”创新创业教育的重要性，将创新创业教育融入办学理念中，确立这一教育思想的地位，形成关于创新创业教育的领导组织。大学的创业教育组织需形成“纵横交错”的网络体系。纵向由校级创业教育领导小组、创业教育管理机构、创业教育活动组织及各教学单位构成多层级的创业组织，协同推进创业教育；横向由发展战略管理处、创业管理处、社会合作处、教学质量监控中心和就业创业指导中心等机构组成。创建创新创业教育的领导负责机制，并成立如创业学院或创业中心等相关部门，为“广谱式”创新创业教育价值体系的落实提供保障。其次，要形成专门的研究机构和研究队伍。“广谱式”创新创业教育在我国还属新兴事物，需要有专业的研究队伍进一步探索研究，研究先行才能确保理性实践，推动理论与实际相结合，避免一些建设过程中的弯路，做到边建设边反思，保障这一价值体系的科学性和建设方向的正确性。

（二）课程教学体系

课程教学体系是创新创业教育系统工程的枢纽与核心，其建设情况直接决定着培养目标的达成程度，决定着创新创业教育向纵深发展的生存空间和社会价值。对于“广谱式”创新创业教育课程体系建设来说，当前最为重要的是科学构建这一课程的模块结构、核心方法和培养目标。

1. 构建多层次、立体化的创业教育课程模块

通过具体考察美英等国创业教育名校在课程设置上的具体做法，深入研究经典的“创业学”“创业管理”等通识性课程结构，吸收借鉴既有研究成果，探索构建专业学习、通识课程、个人体验、创业试验“四位一体”的创业教育课程框架模型。

2. 研究案例教学在“广谱式”创新创业教育中的应用模式

借鉴哈佛商学院、毅伟商学院管理案例库的标准化建设和应用模式，选取具有代表性的创业园区、高校及学生创业典型进行案例研究，按照创业精神、机会把握、能力提升、资源协调等分类，建设大学生创新创业教育专门案例，深入研究案例教学辅助和支持在“广谱式”创新创业教育中的应用模式。

3. 结合社会需要和教育规律，科学设定“广谱式”创新创业教育目标

在高校人才培养体系框架内确定社会责任感、创新精神、创业意识和创业能力培养四个方面的创业教育总目标，并根据社会现实状况、办学层次与类别、学生自身条件等因素确立三个分层目标，即具有良好创业素质的社会公民、自我工作岗位的创造者、新型企业的创办者。在此基础上，建设纵横结合的“差异化”创新创业教育目标体系。

具体而言，当前迫切需要开发建设以下四个层次的课程。

第一，高校要积极响应国家及地方的相关文件及规定要求，结合形势需要、地区实际、校本性质制定相应的课程标准，规划建设普适性好、理论水平高、实践特色鲜明的“广谱式”创新创业教育系列课程，完成创新创业教育的通识教育，培养学生的创业精神，唤醒学生的创业意识，让学生习得基本的创业知识和技能。

第二，要根据相关专业特色，将“广谱式”创新创业教育的相关要素嵌入专业课程当中去，在各专业的教学大纲中都加入创业课程，形成创新创业教育的辐射模式，指导学生在学习专业知识技能的同时提升自身创新创业能力和素质。

第三，面向有明确创业愿望，在大学期间就想创业或是下定决心毕业时就创业的学生，通过开办创业先锋班、创业精英班等方式，系统开发“专业型”创业管理教育课程，全面提升学生创业实战技能，培养实际创办企业的能力。

第四，面向初创企业者，开发“职业型”创新创业“继续教育”课程，以职业化的教育、咨询、培训、服务和专业化的创业援助，帮助创业者渡过企业初创期。这种通识与专业相结合的课程设置有助于保障“广谱式”创新创业教育的“全”和“专”相结合的目标，既保障了全体学生能够接受创业教育熏陶，又实现了有明确创业愿望的学生通过自身专业技能实现自主创业的目的。

（三）实践教育体系

创新创业教育突出强调理论与实践的联系和互动，具有十分重要的实践性特征。课堂教学和课外实践是高校创新创业教育生态发展实践体系的“两翼”。教学与实践的有机结合，将会使学生的专业技能和创业知识得到同步提升。创业教育不能仅仅局限在课堂之内，而是将课程教育与实践教育紧密结合，搭建起供大学生在“干中学”，进行创业参与、体验的实践教育平台。为此，需要从以下四个方面努力探究。

第一，开展创新创业能力结构研究，按照构成能力的“岗位技能、社会技能、道德素养、自我意识和灵活性”五个一级维度，构建创新创业能力分类培养体系。

第二，开展实践教育平台建设，从就业市场、创业园区和培训中心三方面入手，构建课内课外相补充、实践教育与理论教育相结合的教育体系。

第三，开展创新创业实践教育竞赛活动功能研究。通过跟踪调研近年来全国创业计划大赛主要获奖者后续发展情况，深入研究竞赛活动教育效果和完善途径。

第四，探索创新创业实践活动与专业实践教学的结合机制，开展“拔尖创新人才培养实验班”和“创业实验室”实证研究，分群体构建实践教育体系。

（四）运行体系

创业教育需要学校、社会以及政府的全体参与，是开放式的教育。创业教育的运行需要建立科学有序的体系。体系是创业教育高效运行的保障，只有建立良好的运行体系才能保证创业教育快速、科学、高效地发展。也就是说建设运行体系时要以长远的眼光、宽阔的视野积极整合社会各方面的资源，为“广谱式”创新创业教育打好基础，做好保障工作。

首先，运行体系的建设应该注重对环境的建设。我们可以对国内外的创业教育实例展开分析，寻求创业教育的发展原则，为创业教育发展创建有力的教育环境。与此同时，我们可以对创业教育展开系统的梳理，借鉴产学合作、创业教育网络等方法，探索中国创业教育进行技术商业化、知识资本化的有效途径。除此之外，我们可以通过大学对区域经济建设的参与为创业教育提供提倡创业、尊重创业、宽容创业失败的良好社会环境和文化氛围。

其次，运行体系的建设应该注重研究管理机制。研究管理机制将管理机制融入学校的教学领导体制和教学工作体制，融入学校专业教学体制与专业教学平台进行创业教育，融合到核心的教育课程体系中。研究管理机制将管理体制和专业学科的实践教学进行连接，搭建创新创业教育的教育实践平台。

最后，运行体系的建设应该注重研究师资队伍的建设工作。研究师资队伍的建设应该研究教师开展创业教育需要的基础知识和培养策略，注重岗前培训。除此之外，还要注重对学生实行激励制度，对优秀的成果给予表彰，还应该聘请专业专家对教师进行相应的培训。

（五）评价体系

评价是保证创新创业教育能够持续高水平、高质量发展的前提，所以在开展创新创业教育的同时，我们必须跟进评价体系的建设。目前我国创新创业教育的评价体系存在着严重的“时滞效应”，我们需要建立科学有效的评价指标，明确创新创业教育的价值作用和产生效果的有效边界，只有在此基础上展开的效果评价体系建设才能是有效的。我国高校的创新创业教育评价体系的当务之急是制造一套和教育需求相匹配的评价体系，综合考量主观因素和客观因素的影响，形成整体性、模块化的评价体系。

首先，应该正确认识到创新创业教育评价体系的特殊性，充分解决教育存在的“时滞性”问题。评价应该针对短期目标和长期目标分别设计不同的评价方案。

其次，创新创业教育的评估标准应该多元化。传统的评价主要以学生成绩为主，这种评价方式无法展现学生的真实水平，所以在创新创业教育的评估标准中应该加入学生参与创业的频率、创业的成功概率以及创新的数量统计、质量评估等。

最后，应该建立健全创新创业教育的质量指标体系。体系的形成有助于形成整体的指导思想，在思想的指导下进行模块化的评价指标体系建设，实现创业教育评价的整体性评价和单项评价功能。在此基础上与教学质量评价体系、管理评价体系、学生状态评价体系相结合，形成综合性的常态化的评价机制。

二、“广谱式”创新创业教育的“生态环境因子”

建设“广谱式”创新创业教育生态系统是创新创业教育由初期探索向中期提升发

展的必然要求，也是我国创新创业教育由自发探索转向内涵发展的必由之路。通过建立这一良性循环的创新创业教育生态系统，形成创新创业教育动态有序的生态圈，既破除了传统认知教育的格局，使创新创业教育更加主动地适应了我国社会发展的需要，又为整个高等教育的优化提供了有效支持。

在“广谱式”创新创业教育生态系统模型中，“一个主体三个因子”各司其职，分属不同的角色。高校是系统运行的核心，通过科学界定价值取向以明确基本定位，通过构建课程教学体系和实践教育体系以明确核心内容和实现途径，通过构建运行体系和评价体系以明确基本保障和动力源泉；创新型国家是系统运行的有力主导，其不仅是政策的制定者，也是政策的监督执行者，以政策和立法措施拉动整个系统不断运行发展；创业友好型社会是系统运行的环境保障，所有的创业活动最终都是在社会大环境中进行的，它既为创新创业教育系统既提供了硬件服务，也提供了文化舆论上的软性支持，创新创业教育的成果在创业友好型社会中才能真正发挥效用，因此说社会是系统运行的保障环境，是整个系统的地基；创业型企业是系统运行的外围助力，是创业者需要的资金、实践和技术支持的可靠的扶持者。

（一）“广谱式”创新创业教育生态系统建设的主导力量

21 世纪是知识经济时代，科学技术已经成为推动经济社会发展的主导力量，国家竞争力越来越体现在以自主创新能力为核心的科技实力上，建设创新型国家已经成为包括我国在内的许多国家的战略选择。创新型国家并不是一个具有严格内涵和边界的概念，而是我国对以创新为主要发展动力的国家的一种概括和总结。学术界对于创新型国家的定义是：“把科技创新作为基本战略，大幅度提高自主创新能力，形成日益强大的竞争优势的国家。”

综观全球，国家的创新能力直接影响着科技成果转化和产业结构升级，而创新能力的增强很大程度上都是依靠高等院校的科研转化和大学生的创新创业活动实现的。大学生这个群体相较之其他群体更适宜创业，也更符合创新型国家建设的发展方向。一方面，大学生掌握着丰富的知识，有创业想法，勇于拼搏，思维创新，富有创造性，是知识型创业的重要主体；另一方面，大学生思维活跃，创新创业潜力突出，其创业的方向、涉及的行业领域能够满足我国经济结构升级的需要，是我国建设创新型国家的主要经济增长点。从我国创新创业教育的发展历史看，其发展模式主要是以国家引导为主逐渐发展起来的，国家在整个系统中居于不可撼动的主导地位，决定着创业教育的发展形势和方向，在整个系统中发挥主导作用。

1. 政策支持

国家政策决定创新创业教育发展方向、实践形式和保障力度。从西方发达国家建构创业服务体系的经验来看，国家在创新创新创业教育的发展过程中起到了举足轻重的作用。例如，美国大学已建立起政府、民间组织（包括企业）、教育机构等多层次互动的创业教育体系，有效地整合了各类社会创业资源，为大学生创业教育提供了有力保障。英国政府鼓励创业教育的政策包括：启动创业项目，鼓励大学生创业；建立管理机构，促进创业教育发展；出台投资方案，为创业教育提供资金保障；开展创业教育研究，探索教学新模式；利用商业连接网络服务大学生创业。

政策支持对于“广谱式”创新创业教育生态系统来说是重要的外部支持因子，国家应将“广谱式”创新创业教育体系纳入创新型国家建设的发展战略高度上来，高度重视创新创业教育在科技创新、人才培养和经济推动方面的重要作用，制订和实施全方位分层次的创新创业教育国家计划，出台鼓励和保障“广谱式”创新创业教育生态系统运行和发展的政策。各层次政策主要从以下方面考虑。

（1）要在政府层面设立专门的创新创业教育管理机构，在决策层面成立能够规划、指导、协调大学生创业活动和创业教育各子系统关系的领导组织，为创新创业教育生态系统的资源整合提供必要的指导和政策支持，充分发挥国家领导力的决定性作用，为“广谱式”创新创业教育提供有力保障。

（2）政策作为构建“广谱式”创新创业教育生态系统的重要组成部分直接影响着整个生态系统的建设方向。在具体政策的制定上要以资助为核心，通过制定为新创企业优先提供费用减免、土地流转补贴、房租补贴、无偿资助资金和中小企业贴息贷款等资金资助政策，为创业人群提供有利条件和细致服务。

（3）政策支持系统在构建过程中要注重保障创业政策的落实程度。各政策制定后在实施层面要保证能够落实到具体负责部门，并建立反馈监督机制，实行部门反馈与专门机构评价两条保障机制来确保政策的落实程度和政策实施的有效性评价，从而有助于政策改进。

2. 立法支持

从国外创业教育发展的成功经验来看，创业法案的制定实施成为促进创业教育和创业活动的重要推动力。西方国家政府通过立法及组建各类创业促进组织，为新创企业提供了大量的鼓励和扶持措施。新创企业不仅办理相关手续简便，而且能享受到政府的贷款贴息、税收减免。立法支持不仅能保障大学生创业流程的顺利进行，还能有效保障创新创业者的权益。我国可以借鉴国外先进经验，制定譬如专利法、小企业法、经济复兴税法、小企业创新研究法案、小企业投资公司法、小企业投资促进法、投资公司法等，保障大学生的创业项目、创新技术专利申请以及技术转让等各个环节均有法律保护，营造良好有序的创业法治环境，这对激励大学生的创新创业热情及提升创业成效将起到巨大的促进作用。

（二）“广谱式”创新创业教育生态系统建设的环境保障

创业环境的好坏直接影响着创业倾向、创业机会和创业能力的发挥。社会创业环境和所能提供的创业服务对受教育者创业实践的支持和帮扶程度，直接决定着创业行动的顺利程度。社会是“广谱式”创新创业教育生态系统的“大气层”，影响着创业教育的实践效果，为创业者的实际行动提供了必要的环境保障。具体而言，社会对创业教育的影响主要表现在社会成员的创业观念和创业成就对受教育者的创业意识和行为选择的影响。

社会对创业教育的作用主要体现在文化支持和服务支持上。一方面，作为创业实践的主阵地，良好的社会文化和舆论氛围有助于提高创业者的积极性和创业倾向，对创业者予以最大限度的理解和支持能够点燃创业者的激情，进而驱动创业行为；另一方面，社会为创业者提供的创业服务、资金扶持、信息供给都是新创企业必备的条件，这些文化和服务在精神上和物质上为创业活动的实施提供了可能。如果说学校的创业教育给予创业者创业知识和创业技能，让创业意向成为一颗亟待发芽的种子，那么创业教育社会生态因子就是让种子发芽和生长的阳光雨露，其为创业行为提供养分和空间，为创业者实现创业目标提供必要的支持条件。

1. 文化支持

良好的创业文化环境可以激发、推动大学生创业活动的开展，社会各界应形成尊重创业、支持创业的良好社会氛围。

（1）应树立正面的创业教育社会舆论。社会应消除对创业教育的认识误区，改变对创业教育急功近利的认识。要改变社会大众特别是学生家长认为创业是学生无业可就、不务正业、退而求其次的选择的不正确认识和观念，要加强宣传，在全社会形成创业光荣、创业可敬的风气，支持大学生的创业计划，理解他们的创业行为。

（2）要在全社会形成正确积极的创业观。要树立大创业观，即大学生办企业，发展经济，满足人们各种需求是创业；在平凡的工作岗位上开拓进取，建功立业，为国家做贡献是创业。到祖国最需要的地方，到西部和农村就业、创业，用所学的知识推动当地经济社会的发展也是创业。提倡大学生自主创业，树立大创业观旨在促进创业和创业教育形式的多样化。浓郁的社会创业文化有助于减轻大学生创业的精神压力，帮助他们克服舆论压力，激发大学生的创业热情。

2. 公共服务支持

“广谱式”创新创业教育需要多方支持。资金、人脉关系、市场环境和社会阅历是影响创业的最主要的客观因素（分别为83.13%，67.14%，47.10%，46.11%），而市场意识、创新精神、责任感和合作意识被认为是影响创业的最主要的主观因素（分别为67.12%，51.10%，47.19%，44.13%）。在这些主客观因素的影响下，大学生对目前创业教育的公共服务同样存在很多疑问。相较其他创业群体，大学生在创业资本、创业经验、创业技能等方面都较为薄弱，进入市场创业常遇到办照难、打交道难、享受优惠政策难等问题。这就需要在社会层面建立和完善创业教育的公共服务体系，将政府政策、企业支持及高校的教育成果在一个平等的环境下给予大学生，设立创业信息服务、咨询服务等平台，对有创业欲望的大学生能够给予校外的政策咨询和创业指导，给予大学生最新的创业项目信息，提供创业测评、创业模拟等服务，发挥公共服务平台在构建大学生创业的舆论环境、文化环境、制度环境方面的作用，吸引更多有志者投身创业实践。

（三）“广谱式”创新创业教育生态系统建设的外围助力

“创业型企业”不是特指某一类企业，而是对那些以创业思维、创业方式、创业行动推动事业发展壮大的企业的统称。创业型企业是“广谱式”创新创业教育生态系统的外围助力，对创业教育具有全程性影响，不仅为创业教育的校园阶段提供实践、师资、资金支持，并且在创业教育的初步成果进入社会创业阶段后还给予后续扶持，拥有雄厚实力的大企业通过并购、合作等方式与初创小企业协同发展，促进其进一步发展壮大。企业与高校之间的良性互动为培养创新创业型人才创造了条件。一方面，在创业者在高校内接受创业教育阶段，企业经常为其提供场地、资金和创业辅导等全方位的服务和保障，让受教育者在学校学习阶段就能够对创业教育知识和技能加以运用并真切地感受到企业的运行，增加创业者的创业体验，有效提升受教育者的创业技能和水平。另一方面，企业通过与高校合作建立孵化平台，让创业者的创业想法、创业意识拥有可以施展的平台，让创业动机在孵化平台中得以孕育。

1. 资金支持

资金缺乏仍然是大学生创业的重要问题。尽管目前大学生的创业基金大多来自政府贷款、高校创业基金、家庭支持等途径，但这些资金对大学生的创业支持来说还是十分有限的，而企业资本则对“广谱式”创新创业教育生态系统的资金链支持发挥着不可小觑的作用。企业通过与高校建立联系，实现校企合作，为创业教育提供资金支持，运用企业资本为高校的创新创业研发提供资金保障，实现创业基金的多元化。与此同时，企业还可设立专项创业基金用于资助高校师生的创业项目，使高新技术创新创业项目能够走向实践环节，孵化出创新企业。而高校的创新创业项目也为企业的项目研发提供了技术反哺和人力资本支持，实现生产创新。

2. 平台支持

“三螺旋”理论强调大学、政府、企业亲密合作，实现互惠互利。企业可以为“广谱式”创新创业教育提供优质的实践服务平台，检验“广谱式”创新创业教育的教育和研究效果。这些平台可提供实践岗位、创业场所、实践指导教师以及资金平台等支持。高校需要与企业建立长期稳定的合作关系，由企业为高校创业教育提供良好的外部条件，包括提供基本的实践岗位平台、实践实习基地，与高校联合建立孵化基地和实践基地。高校可通过创业实践基地和创业孵化基地的建设来实现教学实习、科学研究、社会实践与大学生创业教育的深度融合，激发学生创新创业灵感，提升学生创新创业素质。

综上所述，“广谱式”创新创业教育生态系统是一个互惠互利的良性循环系统。高校是整个系统建构的核心，在这里，创业者接受创业意识、知识、技能的培训，同时高校将国家、社会、企业的能量转化为教育支持力量作用在学生身上，从而输出更多创新创业型人才和高精尖技术成果。这是高校自身适应高等教育改革的需要，是对高等教育基本职能的充分发挥。对于国家而言，高校最终的创业教育成果有助于创新型国家建设，这是创新创业教育生态系统推动国家发展的应有之义。校企合作一方面为企业未来发展储备了创新创业型人才；另一方面，高校的高新技术成果也打破了企业单方面研究能力不足的桎梏，实现协同创新。对于社会，高校创新创业教育生态系统的教育成果符合社会的人才发展需要，同时兴起的创业文化能点燃人们奋斗的激情，传递社会正能量，促进社会良性发展。

第三节 “广谱式”创新创业教育的实施路径

近几年，我国提出了大众创业、万众创新的理念，首次在全国推行创新创业教育。创新创业教育是国家建设进程中应运而生的适合当今时代发展需求的新型教育理念。创新创业教育是对传统教育进行的改革，可以培养大学生的创新思维，培养他们的创业意识，是我国发展的内在动力。创新创业教育提出了“广谱式”的教育理念，这种理念涉及所有的学生，并且和传统的专业教学进行了深度的融合，是我国当前高校应用的一种全新的教学模式，它也代表了我国创新创业教育未来的主要发展方向和发展趋势。“广谱式”创新创业教育可以有效地被融合在课内教学和课外实践当中，实现理论到实践的全覆盖，可以带动我国教育的实践创新。除此之外，“广谱式”创新创业教育模式对于学生综合能力的培养是非常有帮助的，可以说创新创业教育是提升大学生思维创新和能力创新的重要教育方法。[1]

创新创业教育的总目标是提升我国大学生的整体综合素质；主要教育任务是培养大学生的整体性思维；使用的教育模式是“广谱式”，该教育模式强调包含全部的教学对象，传递普遍适用的教育内容，提高我国创新创业教育的总体水平。

第一，创建“广谱式”创新创业教育平台，以学校的创业实验室搭建和训练中心

[1] 毛薇，谢莉莉．高校创新创业教育实施路径研究：基于“广谱式”视角 [J]．教育教学论坛，2020（17）：33-34.

建设为平台的基础。学校是大学生进行创新创业的主要场所，学校的教学资源是大学生进行创新创业教育的有效保障，而且大学还可以有效地整合社会资源，包括企业资源和政府资源等。高校可以通过资源的整合实现实验室和训练中心的建设，以实验室和训练中心为创新创业的实践平台，为大学生开展创新创业提供技术支持和服务支持。如武汉大学创建了创业学院和学生工程训练实践中心、创新实践中心三个平台，并且和社会上的企业技术公司共同建设了实验教学中心。资源的综合利用为学生提供了良好的创业基础，高校资源的开放也使得资源的利用率得到了较大提升。资源是平台的基础，良好的资源有利于发挥平台的最大效用。

第二，建立健全学校的创业教学体系，培养学生的创业意识。创业教学内容的选择应该以教学需求为标准，注重理论教学和实践教学的结合，应该在专业课程的教学过程中融入创新创业教育内容。在这方面可以积极利用学校的信息技术和网络平台开展课堂模拟教学，通过网络开设创新创业教育公开课，分享优质的创新创业教育资源。如湖南大学建设了虚拟的创业学院，使用“2+X”的教学模式，将实践教学融入创业教育内容中。除此之外，还可以邀请具有丰富经验的创业家、企业家加入学校的教师队伍，传授学生创业经验，带领学生参观真实的企业运作、企业发展，了解创业流程，丰富创业认知，培养学生的创业意识。

第三，应该加强创新创业教育师资队伍的建设，进而提升创新创业教育的整体教学水平。教师是教学的中坚力量，师资队伍的建设对于创新创业教育的开展有重大的影响。高校应该重视师资队伍的建设。首先应该制订整体的师资队伍发展规划，对教师进行定期的知识培训，建立评价体系、考核指标。其次，应该增加和企业之间的合作，聘请企业中经验丰富的创业者向学生传授创业经验。比如浙江省实施了创业导师培训项目，通过对创业教师进行定期的培训，提升教师师资队伍的水平。除此之外，还应该鼓励学校聘请创业家、企业家，并且对创业导师进行全方位的培训，将师资队伍发展成高水平、高质量的创新创业教育师资队伍。

第四，应该形成多元化的创新创业教育联盟，推动创新创业教育的快速发展。创新创业教育的出现影响了我国的教育模式，为了实现更好的教育，我们需要建立不同主体之间的深度合作，形成协同创新创业的新理念。创新创业教育应该融入人才培养机制当中，并且建立科学有效的评价指标、评价标准。同时，高校是我国教育发展的主要主体，其应该积极激发创新创业教育的主观能动性，充分整合社会资源，设立创业基金、创业基地，投入多种多样的资源，形成稳定的、多元化的协同创新创业联盟。

第六章 高校创新创业教育的实践路径

高校创新创业教育体系的构建对于培养双创人才，促进国家及社会发展具有重要意义。因此，高校需要从社会现实出发，在创新创业教育实践体系中不断探索。本章主要围绕高校创新创业教育管理实践模式、高校创客空间的搭建、高校创新创业多元孵化实践方式以及高校创新创业教育与专业教育融合的课程体系实践展开论述。

第一节　高校创新创业教育管理实践模式

高校创新创业管理是应社会发展与进步的需求而产生的，是推动高校教学管理改革，提高教育质量，提升信息经济时代学生就业率的强大动力。信息经济是中国经济强大的推动力，它必然给传统产业带来变革，而创新应时代而生，主要解决的是发展动力问题。信息经济化时代，在我国经济常态化的背景下，高校管理和人才培养同样需要创新。近年来，创新创业管理成为高校重要教学改革事项，在政府的大力支持下，呈现出发展和规模快速上涨的态势。而创新创业管理理念滞后，与专业教育结合不紧，与实践脱节是当前我国高校创新创业教育管理中存在的不容忽视的突出问题。创新是应社会发展与进步的需求而产生的，是推动高校教学改革和提高教育质量的强大动力。学生主体的发展有规律可循，环境和管理制度的不同会使大学生心理状态有差别。因此，信息经济时代下，学生的主体因素和发展规律在创新创业管理中不容忽视。

一、创新创业教育管理的意义

（一）经济发展的客观需要

目前，我国经济发展进入新常态，即在经济结构对称态基础上的经济可持续发展，包括经济可持续稳定增长。经济发展不再追求总量的增长，而是调整结构稳增长。经济新常态就是用增长促发展，用发展促增长。习近平强调，中国要走创新驱动道路才能真正强大起来。科技创新是中国综合国力提升和现代化产业体系建设的战略支撑。自主知识产权、核心竞争力和企业技术提升、产业结构升级、生产效率增长方式转变等，都需要创新能力。由此可见，以应用型创新为导向的创新人才培养是经济发展的客观需要。

（二）高等教育的客观需要

全世界的大学都在积极融合创新创业管理思想，为高等教育增添新的活力，对课程、教学、师资、人才培养等进行全新的教学改革。因此，推进大学生创新创业教育是我国经济社会发展对高校教育提出的迫切要求。

（三）学生素质全面发展的需要

一个国家的文明程度和发展程度表现在国民的素质高低，世界各国都高度重视并大力推进发展素质教育。素质教育实质上是“尊重个性，发展个性”的教育，实施素质教育更需要重视因材施教，重视对学生的个性化培养。创新创业的教育管理理念强有力地推进高校开始思考“社会需要怎样的创新型人才”，进而重视素质教育，注重对创造力和创新精神的培养，让学生个性得到充分发展，形成健全的人格。创新创业改革目标就是培养具有创新精神、创业能力的高素质人才。这种需要分层次、差异化的个性化培养，这也是当前实施素质教育的要求。

二、高校创新创业教育管理模式

（一）融入校园文化，让学生入校就能感受到创新创业的文化氛围和理念

在高校中营造浓厚的创新创业的校园文化环境氛围，形成新的职业价值倾向，激发创业的需要和激情。创新创业校园文化环境包括制度环境、物质环境、精神环境。高校的创新创业改革绝不是几名教师的任务，而是需要全员参与，转换人才培养理念[1]。

（二）创新创业教学设计

我国创新创业的定位是面向全体学生，而简单开设创新创业课程显然不能满足错综复杂的个体差异。发散思维、创新精神、创造力等心理量需都需要从小引导，进行循序渐进的培养，所以低年级创新创业管理是高校创新创业教育的重要基础和保障。因此，在设计高校创新创业课程的同时，要加强对中小学创新创业教育的配套开展。针对学生特点开设创新创业选修课和社团，从浅到深、循序渐进地引导创业项目设计，通过逐级的竞赛给予学生奖励和正反馈，激发学生的成就动机，激发学生学习的自主性和积极性，拓展教学空间。

（三）社会系统的支持

创新创业教育呈现出支持保障体系完善、产学合作广泛、重视企业家精神培育和价值引领、注重国际性和开放性等特点。可见，创新创业管理不是高校单独的事情，而需要一个庞大的支持系统，形成一种促进创新创业的生态体系。我国的创新创业管理也应该重视和鼓励各方力量参与。

[1] 李秀珊．经济新常态下高校创新创业管理模式探索［J］．经济研究导刊，2018，18：173-174.

（四）完善创新实践基地，加强产教学研结合

产教学研结合不仅有助于学生巩固课本知识，提高学生创新创业的意识，还能在具体的技能训练中培养学生的创新能力。高校在人才培养中要重视对人才进行订单式培养，从社会实际需求出发，将在就业竞争中表现出实力。将理论教学、实践教学与科学研究三者有机结合，鼓励创新研究，增强创新创业教学实践效果，培养学生的创新意识和创业能力。

高校开展创新创业教育改革的目的是提高人才培养质量，为社会经济发展注入强大动力。创新创业是一个复杂的生态体系，在推进过程中难免会遇到各种各样的问题。在我国经济新常态背景下，高校教育工作者要高度重视，与时俱进，利用好产教结合、校企合作平台，以足够的耐心做到分层分类，逐步引导，推进面向全体学生的创新创业教育管理改革。高校要全面深化创新创业教育改革，培养和造就有创新精神、敢于承担风险、有创业能力的高技术技能人才，这既是新时代的历史使命，也是为创新型国家建设提供强大技能型人才支撑的必由之路。

第二节　高校创客空间的搭建

一、高校创客教育实施的基本路径

（一）高校创客教育实施的方向

高校双创学院进行教育引导的主要方向应该遵循一个客观规律，即我国高校双创教育的开展还处于初期，主要还在探索阶段。应在现行的科技条件背景和社会变革的大趋势下，去寻找那些可以遵循的规律，以谋求在短时间之内利用有效的资源，产生大量高质量项目并进行强化。

1. 创新、创业与创客

我国高校的创新、创业、创客教育是从不同角度进行的同一个工作的项目内容。

（1）创新是人类发展的原动力，是思想方法和理论凝聚的重要范畴点。只有不断地创新和迭代那些固有的需要改革的部分，才能使一个事物、一个项目和一种思想的走向更加趋于现实和完美。创新是从思想意识和时代趋势上去诠释操作规律，让广大师生树立创新意识，发挥创新精神，掌握创新技能与创新能力，并在技术部分运用娴熟之后奠定创新的物质基础。

（2）创业是将创新所产生的对某一事物、某一思想或某一范畴的技术性的突破和思维上的突破创新点、项目落实到实际生活和市场竞争中去，是对人类的生产生活和科技进步去做更深入的具体操作，以谋求取得良好的利润。创业类型主要分为创新型创业与改变性创业。

第一，创新型创业。创新型创业是在创新的前提下，做出开创行业和高科技的亮点，以在充满市场竞争的社会环境中去落地，去运营，去输出有价值的产品和服务，去服务广大的用户与客户。由于创新型创业科技含量高、市场价值高，易受到资本青睐。

第二，改变型创业。改变型创业则是在原有已成熟的领域、原有运转良好的商业板块、原有正在应用和经过人们的实践检验的基础之上，进行一个裂变型的改变，也就是将其某一部分进行迭代升华与创新改变。改变型创业的优势是在原有已经非常成熟的项目上面进行革新、改革、裂变和迭代，这样它的成功率是比创新型企业的成功率要高的，而且更加接近于市场变现的路径，更容易在短时期内推出能满足客户需求的高质量的创客项目。

（3）创客是指将一个想法或一个创意变成一个有价值的产品与服务，并以此为乐、追求实现自我价值的群体。创客已经被中国高校中有作为的具有创新创业能力的人所接受，并且成为他们的一种生活方式。

2. 产品创客创业方向

（1）创造性产品创客创业。产品是创客们创造出的原创、即时类产品，这些产品可能有着能够创造一个新行业的能力。在高校创新创业的创客教育活动中，应大力鼓励此类产品创业。但此类产品创业不易产生巨大的规模性效应成果。

（2）创客性产品创业。创客在某一行业的某一品类上进行再创造、再延伸、再发展，使其产生了拐点，这个拐点对于整个行业具有颠覆性的影响。

我国高校双创学院在对产品创客进行教育培养与引导时，会着眼训练创客的各项能力。其中最主要的是对产品创客的大脑灵活度的训练，使创客能够产生非凡的想法。这样的训练能够让产品创客将现有的产品进行拐点式的改造，并基于社会需求，创造出那些能够满足人们生产生活需求的伟大创客产品。这些训练包括多行动少抱怨、改变思维方式打破规则、改变固有习惯、探索未知世界并实验、专注聚焦、增加毅力六个方面。

（3）营销类创客创业。营销类创客泛指在产品创客将产品创造出来后将产品推向市场，寻找渠道与客户的创业群体。他们在销售产品的过程中，不断地了解客户的最新需求，将产品进行无限接近于客户需求的迭代。

在我国双创学院的施教过程中，对营销类创客的培养应该采取有效的手段与教育。产品创客只需要将一个想法付诸实践，发明创造出产品；而营销类创客是要将一个产品卖给用户，所以一定要足够了解这些用户的需求，以完成商业转化。对营销类创客要进行以下方面的训练。

第一，驾驭销售团队与销售渠道的能力。在参与市场竞争的过程中，营销类创客的管控能力、激励能力与领导能力对团队尤为重要，如果不能有效地驾驭一个商业帝国，就无法达成做营销类创客的目的。

第二，在进行市场推广的时候，要有拟人化、高情商的能力。当下商业模式的迭代频率加快，已经发展到红人经济时代。这一时代的显著特点就是将一类客户的需求做成产品与服务，并在相应的平台上进行推广，让更多的人来购买，并利用良好的口碑来实现自动销售。而这就需要建立品牌，要有相应的品牌故事、品牌调性来做标签，也就是当下流行的商业法则——超级 IP。

超级 IP 作为一个标签包含很多内容，品牌故事、产品、社群、媒体内容、媒体信道等，而 IP 的最高层次就是拟人化。

第三，营销创客应该具备快速使自己正在销售的产品按照客户需求进行迭代的能力。大数据时代是一个信息倍增的时代，是一个需求个性化的时代，是一个一切想法都能够快速实现的时代。企业的有效时间在缩短，产品的需求、拐点在不断地改变，所以营销类创客要能快速探求客户需求并改变自己的产品，使其适应市场需求，而不被市场所抛弃。

（4）内容传媒创客创业。内容传媒创业既包括对科技、人文、心理、历史、哲学等方面的内容进行创作以及演绎的创业行为，还包括将已有的内容通过书籍出版，拍摄电影、电视剧、动画片，制作情景剧、歌曲，创作诗歌、舞蹈等形式进行内容创造的再表现。

内容传媒创业这一个概念在高校双创创客教育中才刚刚兴起，并且在中国社会主流人群当中也刚刚得到认知。内容传媒创业继通过传统媒体、纸质书籍、电视、电影、歌曲舞蹈、情景剧等进行表现之后，随着近期移动互联网、软硬件和带宽的提升，又在自媒体上获得了更多机会。就目前的发展形势而言，内容传媒创业已经形成了相当的规模，在不远的将来这些自媒体的表现形式和内容创业的繁殖量，将会超过传统内容创业与传统媒体的表现量。由此，不得不引来当下高校双创教育的反思——仅窄范畴地将双创局限于开发一个产品、建立一个模式，或是开办一家公司，是无法将这些文化类的无形资产进行充分利用的。

（5）创投创客创业。创投创客创业泛指那些将工作范畴放在一个项目的种子阶段、天使阶段和风险投资阶段的工作群体所进行的创业活动。快速建立由专业的天使投资人、风险投资人组成的教师团队并开设创投类的专业，对创投类创客进行培养，这对利用资本杠杆、在项目前期进行风险投资的创投类创客具有重要价值。

我国由于直接从农耕时代到计划经济时代，再短时间到达市场经济时代，因此对创投创客的培养经验是非常不足的。我国高校双创学院应该从高层领导到教职工、从业人员，从课程设置到具体实施，都在认识和做法上有一个巨大的转变，而这一点，对我国双创创客的教育与实施成果的产生是至关重要的。在当下成熟的市场运作模式中，产品创客、营销创客与创投创客缺一不可。人们不应该只承认那些进行发明创造的科学家，承认那些能够将产品卖出去的企业家和社会上的精英人物，还应该意识到利用资本杠杆、在项目前期进行风险投资的这一类创投创客的价值。

（二）高校创客教育实施的路径

1. 高校创客教育发展定位

中国高校创客教育的发展是以各高校学校专业性质、各高校的优势专业以及所在城市的特色产业为参考坐标，来制定出符合各高校自己的发展优势的创客教育发展定位的。

（1）高校专业性质。高校所肩负着的教育内容与教育任务是决定其如何能够高效、便捷和多产地创造出创客项目的前提因素。不同类型高校在规划自己的创客教育发展定位时，应根据其性质来规划自己的创客教育实施方向和优化路径。

（2）优势专业。高校依托已具备的优势专业的人才生态体系来规划其创客教育实施发展的路径定位，将有利于创客项目的产生、孵化和最终成果。同时，也能促进该高校、该专业人才的培育以及科研项目的诞生。

（3）高校所在城市的特色产业。一个城市的特色产业将会形成一个大生态圈，围绕这个特色产业会聚集大量相关高端人才和优势资源，进而突破了依托高校自身的生态来网罗资源与人才的局限性，从而有利于促进该高校创客人才和创客项目的储备与诞生。

2. 高校对创客行为的支持

高校对创客行为的实际支持包括以下几个方面。

（1）场地支持。创客教育与创客研究是一个长期的工程，创客需要在稳定的工作环境下做一个项目，所以必须获得这方面的支持。学校应有引入创客空间与创客小组活动产品，以利于全员动员，加入创客教育，接受创客文化，创造创客项目结果。

（2）授课支持。对高校专业的创客群体，应该为其提供系统的、完善的、具有特色前沿性的专业创客教育实施体系，以便于创客使用总结出来的新进方法。

（3）宣传支持。学校宣传媒体与宣传阵地要高频次地进行创客教育、创客行为的引导和创客优秀人物的表彰，鼓励科研人员进行创客行为，助力专业创新。

（4）资金支持。学校除自身投入资金外，还需引入社会创投资金、企业科研资金等，使本校的创客教育在强大的资金支持下快速产出结果。

3. 高校创客商务拓展的生态资源

高校创客商务拓展的生态资源如下。

（1）政府生态资源。各高校需要深度解读政府所推出的政策，深入对接政府，顺应大势，利用政府层面资源来帮助自身创客教育的实施，助力自身高效创客教育和创客项目的实施与发展。

（2）科研院所生态资源。研究院和科研机构拥有大量国家支持资金，储备着大量国家层面和全球层面的优秀人才，有大量先进的实验设备与实施设备和最优的场地、资金等。要在本行业和本地区找到相关能够帮助到自身创客教育实施与创客项目落地的研究机构，去拓展利用他们的优势资源，为自己的创客教育与创新项目落地发展开拓有效路径。

（3）企业生态资源。大部分的创客项目集中在科研产品研发和商业模式创新等方面，与企业有着天然的有机连接，要结合企业的资金、市场、信息、大数据分析、客户需求反馈，去反过来迭代自己的教育方向，丰富创客项目的功能研究。

（4）创客空间生态资源。创客空间是专门服务于创客的一个综合服务体，有办公空间，有资本辅导方面的功能，也有关于行政和社会事务打理方面的基本功能。校内的创客空间应该快速地打通各个专业的创客空间之间的壁垒，实现资源互通、资源互补，以利于高效地运用本校所具有的创客空间资源去释放这方面的资源能量。同时，要找到同行业全球范围、全国范围和全城范围内跟自己有关联、有互补、有沟通，可以进行资源输出的创客空间，开辟这方面的有效通道，以利于自身高效创客的教育发展和创客项目的诞生、孵化、应用。

（5）投资机构生态资源。高校创客的商务拓展是一个以市场为导向的工作。高校应发挥自身的优势和影响力，大范围地去沟通投资机构，以取得投资机构对创客教育优化的支持。

（6）院校间的联盟生态资源。各个高校都有自身的特色，都有自己优势的专业和人才优势生态圈。因此，在高校实施创客教育、商务拓展、项目落地时，一定要充分地考虑到与其他高校的优势资源进行联盟，与其他高校的优质人才并肩作战。

二、高校创客教育实施的节点

（一）高校创客的项目管理方式

中国高校的创客项目管理从管理区域属性上可分为专业创客空间的项目管理，创新创业学院的项目管理，各专业的科研院所的创客项目管理，与其他校外研究机构、校外创客空间和其他关联单位的创客项目管理。

成立以学校为中心的组织机构对创客项目进行管理与运营是最高效、最稳妥、最无风险的一种形式。其功能就是管理创客的创客项目、创客空间、创客的融资评定与创客的资源配置，协调创客在创客空间的日常工作和发展方向、计划目标和资源配置，协调创客空间与具体运营公司各部门之间的衔接工作，以及协调创客所创业的项目公司与税务部门、法务部门、银行部门和国家行政管理部门之间的日常运营工作和对接出口。

高校对创客的日常项目管理涉及九大方面，分别是项目准入流程的管理、创客项目管理机构的管理、项目日常运营、专家顾问团工作、经验交流、项目合作、创客基金、融资计划以及记录、评价与奖惩[1]。

1. 项目准入流程的管理

对项目的准入与准入条件的管理是项目日常管理的基本内容，也是日后资源配置、人员配置和专家配置能够实现优化的基础保障。为此，需做到：第一，要确认创客拥有基本的公民权利。如果创客是未成年人，还要在监护人的同意下才能入驻。第二，对其创客项目计划书进行有效的审核，确保其项目是符合国家经营许可、符合国家法规制度、对国家的安全和环境保护不会造成危害之后才能允许其入驻。入驻要以严格的表格化流程来进行合约精神的确认。第三，进行各项材料的审核，确认准入期限、退出机制和特殊帮扶政策，并签署入驻场地的日常协议与场地使用的说明和安全责任书。

2. 创客项目管理机构的管理

创客项目管理机构应该对项目进行常规的分析、分类并进行阶段性的资源梳理，以求创客能够专心地进行项目发展。

3. 项目日常运营

项目运营组的作用是负责创客在创客空间、科研单位以及协同的创客项目所在地的日常管理工作。具体包含：制定全部的和分类的包括特性化的创客项目的管理制度、日常运营和年度的工作思路；组织、策划、召开有关创客的各类创新培训、日常的专家交流会和对外的资本路演；创客项目的评估、管理、营销、技术、法务、财务的个案咨商；对入驻创客空间的个人、团体和项目进行资格审核，对应用的场地、设备进行定期的维护；对安全、防火进行定期检查和责任区分。

4. 专家顾问团工作

顾问团的主要功能是运用专家的智能、运用行业不同领域的专家的前沿成果对创

[1] 北京中科创大创业教育投资管理有限公司，中科招商投资管理集团股份有限公司，中关村中科创新创业教育基金会．中国高校创新创业教育发展蓝皮书（2017）[M]．北京：冶金工业出版社，2018.

客项目进行日常服务和广谱化教育。以培训班、咨询案、帮扶团、陪跑团的形式对项目进行日常服务管理。

5. 经验交流

经验交流需形成流程化的管理，对创客的经验交流、培训和专家咨询等，应该做标准的流程、事先的备案和日常工作的管理，以避免浪费重要资源和在工作流程中有对接不畅的风险。

6. 项目合作

创客本身的创业项目，如果是自运营，那么肯定需要合作，如果是合作项目，肯定需要与其他的公司、项目进行协调管理与运营。管理机构应授权运营组进行前期的确认与管理，以避免在合作过程中出现风险，并确立好合作项目的责任分化、资金管理与项目的终止退出机制，使高效的创客项目在管理上走在成熟的、高效的轨道上。

7. 创客基金

对创客基金本身与创客所需资金的管理应该实行专款专用，并对专项基金的使用设立标准流程。对某一类国家特殊投入的项目资金不允许为其他项目所使用，要保证国家所确认的项目资金在使用上是透明的、可控的。

8. 融资计划

对其他机构和联合单位的所投资金也要保证其投入方向上无风险，以监管其资金投入不会被挪用和不正当使用，保证创客项目的日常运营管理的高效性，使其具有可控性。

9. 记录、评价与奖惩

应设立项目的日常记录流程，对项目的日常评估进行阶段性的评价。对有突出表现者进行表彰，对违反管理条例者进行有效监督并给予相应违约责任惩罚。

（二）高校创客项目的数量

确定创客项目数量的增长点和普遍规律是现阶段的一个重要任务，可以从产生点、产生方式、增长点、增值方式这四个方面进行探索。

1. 产生点

产生点即创客项目数量的增长点。寻找具有普遍规律的增长点，就能促进创客项目的大量产生。

2. 产生方法

创新、创业、创造，一切始于创业，一切始于创意。创新是一个民族前进的动力，创造是民族工业的根本，创业是商业发展的动力。然而无论是创新、创业，还是创造，都需要有一个触发点，这个出发点就是创意。

3. 增长点

如果说创新、创业和创造会让一个事物茁壮成长，那么创意就是种子，让事物有了生根发芽的根基。高校双创要做好以下方面。

第一，要具备强大的自传播性。对所有的参与者，都鼓励其开通移动社交媒体端口，例如微信公众号、微博、微直播、今日头条等。在现今这样一个强大的自传播的环境中，要积极向外传播自己的想法和创意，与他人进行信息交流，获得信息反馈，弥补自身在创意方面和专业方面的缺失。

第二，与相关领域范畴内的潜在客户进行有效的沟通。在创业过程中，让潜在客户提供最真实的用户需求和价值取向，让创意有的放矢。另外，根据用户与社会某一类需求人群的需求点，去寻找那些以结果为导向的创意点。这一点，应该在双创教育中提供切实可行的操作方案。

第三，整合周边的强关系与弱关系。将身边可能会对创业有帮助的这些信息、人以及知识范畴有机结合在一起，高频次进行基于用户需求的交流。这样会在过程中激发出平时交流与思考中所不能产生的重要增长点。

第四，彻底落实执行线上交流与线下交互的操作模式。因为在移动互联网社交与自媒体发展繁荣的当下，线上交流能够让人们利用碎片化时间打破地域的限制，这样可以使交流变得更高效。由于线上存在不能面对面交流的缺陷，所以必须与线下的交互场景相结合。线下的交流方式有头脑风暴、专家咨询、项目路演等形式，这些形式将极大地促进创意领域的创业增长。

4. 增长方式

增长方式主要有以下几种。

第一，纵向推进的创新模板。创客在原有产生点的基础之上，通过纵向的推进，不断串联产生更多的进行创新项目，进行螺旋式的递进，产生无限的创造项目的点。纵向推进的创新模板从三个方面来培养创客：一是基于丰富的知识储备与广泛的高度融合，二是使其在事物的初始阶段就具备极强的好奇心，三是使其对所研究的事物不要过于草率地下结论。

第二，横向推进的创新模板。创客在原有产生点的基础之上通过横向思维拓宽对知识范畴的选择范围，运用想象力对既有事物进行添加，使原有的创客项目产生很多其他的连接点，进行多产品的横向连接联盟，大幅增长创客项目的数量。这个模板的主要功能就是一个并联式的横向思维模式。在操作横向创新模板的时候，应该让人们有广泛的兴趣和对市场的深入探究，进而横向连接重新排版，将两个或三个或五个项目横向连接在一起，这对提高创客项目的数量有非常大的作用。

第三，立体生态的创新行为。所谓立体生态的创新行为，就是在某个产品的生产链条上的创新。链条是将产品服务以及信息从来源处安排到市场处所采取的一系列活动和手段的顺序。对产品的市场活动的一系列活动和手段的链条顺序进行再创新，寻找出全息的信息和增长点、产生点。重视以一个链条和一个核心的科技研发原点为主线的结合，来成批地、全产业地、全链条地促进创客项目数量的增长点。在这一个大的链条上面进行一个思考，会找出其中很多的闪光点、产生点和增长点。因为需要在产品信息需求服务来源、市场层面应用、客户反馈这个大的立体生态链条上，纵向、横向、俯视、仰视，多角度地去看，才会发现更多的增长点。

（三）高校创客项目的质量

创客项目质量包括以下方面内容。

1. 控制点

要根据不同专业、不同领域、不同高校的教学范本与教学模板，对创客项目的质量设置标准的质量控制体系与控制点。质量的控制点需由学校与实施人员商谈编定，并在实践中加以检验。

2. 控制方法

主要从结果出发寻找答案，倒推创造出来的创客项目。这种从源头上以结果为导向的逆向求异思维的控制质量方法，会使项目在创业设计初期就走上一条能够对接到现实应用的规范之路。

3. 能力训练

主要包括以下两方面。

第一，建立项目基础文件库，在创造过程不断检测这些质控点，预防偏离质量控制的方向。

第二，描绘各个质量关键创造点的鱼刺图，以在更细分方向上控制质控点，这样便于控制这些创业项目在创造性思维突进的同时不违背质量的关键点。

4. 项目路演

主要包括以下两方面。

第一，初级路演层次可测试项目可行性与需求性，提升项目优质率与项目团队成员的高频次交互。项目路演可以分为内部项目路演与外部项目路演。这一个层次的路演是为了测试项目的可行性与需求性。集中内部参与人员进行一个正规的路演，将一个创业项目完整地进行叙述，让大家从各个方面进行评定以求提高项目的质量。开放外部的路演，也就是将非项目小组内的工作人员、非相关的人员与市场用户人员引进参与到项目的路演操作流程当中来，让他们站在各自不同的知识领域与市场用户需求的角度对项目进行意见反馈以及进行高频次的交互。

第二，高级路演层次是对天使投资人进行的项目路演，是以项目与资本行为相结合的市场化标准来评判创客项目质量。因为评判创客项目质量的关键因素取决于能否市场化，而能否市场化的关键又取决于能否得到资本杠杆的支持，因而这个质控点非常重要。即使产品再好，项目再优秀，但若在市场推广中得不到市场的认可以及资本市场的认可，其他也都是枉然。资本的逐利性注定了他们能够从专业角度来看待一个创业项目，因此这是一个创客项目重要的质量检测点。只有这样才能够最接地气地与市场行为相结合，与资本行为相结合，进而产生高质量创客项目。

三、高校创客空间的运营

在国家号召与推动的大众创业、万众创新的全民创业运动背景之下，高等院校都纷纷依托各自高校资源在校园内建立高校创客空间。高校创客空间的数量众多，甚至可与社会上的各类创客空间、创客实验室相媲美。

创客空间是各个不同的创客群体之间进行交流融合并且有着高效且集约功能的场所。创客空间、孵化器和联合办公室三位一体形成了当下创新创业生态体系的基础设施。创客空间的作用是帮助和支持一个具有潜力的创客或者创客群体成功地创造出一个具有社会价值的创业项目。

高校创客空间提供物理空间、基础办公设备以及税务、法务、人力资源、天使投资、项目路演等相关创业服务。高校创客空间的最大特点在于背后依托于高校的青年才俊和教育科研资源。学生创客们利用高校创客空间提供的办公场所、宣传渠道、教授辅导等服务将一个想法变成一个产品、服务、品牌，甚至一个平台，用这种价值来服务于高校中、城市中甚至社会中的某一类需求用户。高校创客项目借助高校创客空间这一平台，通过资本的杠杆和天使投资的力量进行有效的孵化，直到能够在商业层面有所倚仗，在市场层面有所作为。

（一）高校创客空间的建立

高校创客空间可以分为线下形态和线上形态。高校创客空间一般是以线下形态存在，多建立在校园的教学楼、实验室或活动中心等物理场所中。线上形态多是以校内创客社群、创业网站和直播平台等媒体平台形态存在。

高校创客空间旨在为学校创客们提供活泼舒适却不乏严谨理论的创业氛围，因此除了提供咖啡吧、会议场所和休闲聚会场所这类基础场所之外，实验室中也应该配备相关制造类设备（如 3D 打印机）、检测设备和沟通类设备等。

组成创客空间的人群主要包括创客空间管理者、创客和创客导师三大类。创客空间管理者由学校创业部门相关的管理人员担任或聘请社会有经验的管理者；创客主要是有着高校背景的教师、学生等群体，同时也要吸引校外优秀的创客入驻；创客导师既有本校资深的商科教授，也有往届毕业的杰出校友，同时还要聘请大公司高管、创业公司首席执行官（CEO）、政府领导、天使投资人等社会人士。此外，还需要有足够的资金预算支持，实现新时代的创客空间运作。

（二）高校产品类创客的培育运营

对产品类创客的培育应该进行专业化的运作和强强外联式的运营。具体的运营方法和路径应该遵循优势集约的方式。

（1）要强化自主优势。重点对受教育者进行创客精神、创业能力、创业方法的强化培训，进而培育出具备自主创新精神、自主创新方法和自主创新成果的优秀创客、创客群体、创客组织。

（2）将“走出去”与“请进来”相结合，使其在某一品类或方向上的优势被充分发挥出来，让更多的专业创客及创客组织给学校中那些有创客潜力和创造能力的人员分享创客精神、方法方案和创造成果。

（3）将创业项目与资本有效结合，利用资本的力量发挥出项目的最大价值。

（4）推广创客文化，让创客文化深入人心。

（三）高校众创空间的管理

在高校众创空间的成长过程中，管理是重中之重，让专业的人做专业的事总是最妥当的。高校众创空间管理的主要工作是对接校内及社会资源。

一是要有专业的团队、先进的商业模式以及法律的帮助，并将创客的想法、产品、服务、品牌与平台相结合，进行高效运营；二是对接媒体资源，为创业项目提供市场营销与媒体宣传；三是邀请各行业领域的杰出代表作为创业导师为高校创客进行创业辅导；四是主办或对接项目路演和创业大赛，将高校的优秀项目展示到社会中去，以此得到更多的机会。

（四）高校种子类项目的输出

种子类项目的输出是创业项目与天使资本及众投的对接。运用资本的杠杆将一类产品、服务、品牌、专利和平台推向市场快速孵化，再快速服务于用户。

众创空间除了自身所拥有的天使资本、天使投资人之外，还应该在社会上引进优秀的天使投资人和天使投资机构进行频繁的项目对接。众创空间成长中的天使对接决定着众创空间运营结果，同时也是能否出更多优秀项目的关键。中国高校双创学院可以通过高效的理念碰撞，以谋求众创空间在孵化创客产品服务以及品牌平台的时候更加快速，以强大的资本杠杆介入及倒推某一行业能够产生高核心价值的品类进行资本输入。为此，高校应当保持高度警醒，因为所有的发明创造与服务过程都是为了出结果和产生一个有价值的产品甚至平台。

第三节　高校创新创业多元孵化实践方式

党的十九大报告提出要“倡导创新文化，强化知识产权创造、保护、运用。培养造就一大批具有国际水平的战略科技人才、科技领军人才、青年科技人才和高水平创新团队”。随着大众创业、万众创新时代的到来，依托“互联网 +”，高校应积极发展众创、众包、众扶、众筹等新模式、新业态，加强创新创业与市场需求、社会资本等的对接，建立多方参与的高效协同机制，丰富创新创业组织形态，为社会大众广泛平等参与创新创业提供更广阔的空间和多元化的途径。针对大学生创新创业多元化孵化开展的研究，有利于帮助并扶持大学生进行自主创业，进而缓解就业压力，促进国家经济持续发展与繁荣，具有重要的现实意义。

创业孵化器需要整合政府、高校、企业及个人等多方面的力量，为创业者提供办公场地、技术培训、政策扶持、资金申请等各种资源及服务，促进优秀的创新创业项目、先进科研成果等的转化，提高创业的成功率。

一、构建高校多元化孵化平台

大学生创新创业计划项目、各类创新创业竞赛选拔项目等是创业项目的来源。应加强对创业项目的评估，真正选拔出符合创业实践条件的项目进行孵化。针对不同技术特点、团队类型的创新项目采用不同的创业扶持方式。对风险高、周期长、资金需求量大的项目，可以采用与企业合作的技术许可、技术转让、技术入股等多种孵化模式。对一些技术含量高、有发展潜力的孵化项目，孵化基地需加强后续支持服务。针对大学生创新创业的现状，各高校纷纷建立了大学生创新创业基地及高校科技园，有力地支持了创新创业项目的持续进行，对大学生创业孵化起到了助推作用[1]。

二、加强高校多元孵化平台的宣传与完善

高校要通过创新创业课程、学校实践活动宣传，以及互联网的各种渠道加强对孵化平台的宣传，让每个创新创业者都熟知孵化平台的作用，了解相关政策及其所能提供的服务。结合产学研的校内外资源，建立和扩大多元化大学生创业协同孵化平台，构建完善的项目孵化流程和考核体系，保障和吸引社会优良企业对初创项目的投资。同时，应为创业者提供简化的各项流程，落实国家、省市、学校的各项优惠政策，更好地为创业者和创业公司提供服务。

第四节　高校创新创业教育与专业教育融合的课程体系实践

要想实现创新创业教育与专业教育的深度融合，课程体系再设计和改造是关键环节。课程体系也是实现这一教育理念的支撑。将课程深度融合为一个新的整体，不仅仅是对几门创新创业课程的简单混合，还包括以下几个方面。

---

[1] 崔岩松，刘欣．高校大学生创新创业现状及多元孵化方式：以北京邮电大学创新创业教育实践为例 [J]. 北京邮电大学学报（社会科学版），2018，2：97-101.

一、课程体系要实现在所有理论课程中都融入创新创业理念

对于通识必修课，在专业导论和新生研讨课程中加强对创新思维、创新意识、工程意识、科学方法等方面的训练；在形势与政策教育、思想品德修养、成才导论、就业导论与职业规划等教学中，增加创新创业知识模块，注重对意识和精神方面的养成教育；在专业基础课与核心主干课程中，强化对学生创新能力培养的要求，突出对学生创新研究的帮助。

二、课程体系中要专门构建与增加创新创业理论课程

通识选修课方面，要积极组织并开设创新创业基本理论和基本方法类课程，鼓励学生跨学科跨专业学习，进一步丰富知识结构，提高创新创业基本素质；专题选修课方面，针对各类竞赛，如数学建模系列竞赛、电子创新设计竞赛等，以及科技成果转化设计、创业能力培训专题等，开设由多个学分组成的选修课程组，鼓励学生在某些领域形成创新创业的优势。

三、实践课程要整合专业教育的实践教学与创业教育的实战训练

在高校大学生自主研学项目中，按照创新创业项目要求，在各学科专业系列专题创新设计竞赛中体现创新创业。此外，还要专门建立与完善创业系列专题竞赛与实训项目，创建高校创业计划专项竞赛。通过各类学科竞赛前期理论课程的学习，对学生学习成效、创新能力进行实践检验。在实践实训中还要专门建立科技作品制作、创意策划设计、成果转化设计与企业创办孵化实战训练项目[1]。

[1] 赵亮．创新创业教育与专业教育深度融合的高校课程体系重构：基于理论与实践角度的分析 [J]．江苏高教，2020（6）：83-88.

四、专门设计创业辅修课程作为课程体系中的延伸课程

可面向全体学生增设创新创业教育辅修专业，积极鼓励学有余力的学生辅修第二专业和学位，真正将创新创业视为一项“专业”实施教育。通过辅修向学生传授和展示不同的创新创业观点、技能、方法和经验，为学生未来成为创业者奠定基础。

创新创业教育与专业教育相融合是我国高等教育人才培养模式的发展趋势与方向。从创业教育的内涵出发，将创业教育融入新的人才培养理念，并落实到专业教学的全程中，不断完善高校人才培养方案。毫无疑问，课程体系的构建始终是一个出发点和落脚点。

当然，课程体系是一项系统工程，要真正形成深度融合的课程生态系统，还需要多方面的配套措施：一是完整的课程体系还需要有课程评价机制。即在新的课程体系实施后，需配套提出相应客观科学的评价标准和形成完整的创新创业教育课程评价体系，进而对课程进行诊断与修正，并对成效进行判断。二是要进一步提高专业教师对创新创业的认同度和参与度。此外，我国高校中创新创业专业师资队伍的缺失和相关专业课教师对创业教育的认同程度也是创新创业课程实施面临的最大挑战。因此，高校需通过各种途径宣传和提高专业教师对创新创业教育的认知，提供相应的政策支持来鼓励教师投入创新创业教育教学。三是要建立相应保障机制，完善服务体系，加大创新创业课程、教学、实践等的经费投入，积极搭建多元化的教育平台，邀请创业精英及创业导师开设讲座，营造创新创业文化的良好生态。只有这样，理想的课程体系才能得以顺利实施。

参考文献

一、著作类

[1] 北京中科创大创业教育投资管理有限公司，中科招商投资管理集团股份有限公司，中关村中科创新创业教育基金会．中国高校创新创业教育发展蓝皮书（2017）[M]．北京：冶金工业出版社，2018.

[2] 吕爽．大学生创新创业实务指导 [M]．北京：中国铁道出版社，2017.

[3] 裴小倩，严运楼．高校创新创业教育协同机制研究 [M]．上海：上海交通大学出版社，2018.

[4] 滕飞，冉春秋．创新创业管理 [M]．北京：首都经济贸易大学出版社，2018.

[5] 王占仁．“广谱式”创新创业教育通论 [M]．北京：教育科学出版社，2017.

二、期刊类

[1] 白静．新时代应用型高校创新创业教育刍议 [J]．学校党建与思想教育，2019（22）：78-80.

[2] 陈加强．职业院校“广谱式”创新创业教育模式研究 [J]．教育与职业，2018（12）：63-65.

[3] 陈锦全．基于行动学习的高校创新创业教育体系构建 [J]．中国成人教育，2019（17）：37-40.

[4] 陈霞玲．高校创新创业教育模式与实践研究：以美国四所高校为例 [J]．国家教育行政学院学报，2019（7）：74-81.

[5] 陈燕，崔顾芳．新时代高职院校大学生创新创业教育实践探索 [J]．教育与职业，2019（22）：52-57.

[6] 崔岩松，刘欣．高校大学生创新创业现状及多元孵化方式：以北京邮电大学创新创业教育实践为例 [J]．北京邮电大学学报（社会科学版），2018，2：97-101.

[7] 丁文剑，王建新，何淑贞．协同理论视角下高职创新创业教育多元协作研究 [J]．教育与职业，2018（23）：64-68.

[8] 冯瑾．基于精细管理理论的高职创新创业教育师资队伍建设 [J]．中国成人教育，2019（24）：83-85.

[9] 郭丹．大学生创新创业团队建设中存在的问题及对策 [J]．营销界，2019(48)：133，136.

[10] 郭良．"广谱式"创新创业教育探究 [J]．中学政治教学参考，2019（31）：81.

[11] 胡华中．基于实践导向的大学生创新创业教育模式 [J]．教育与职业，2018（18）：85-88.

[12] 胡吉良，陈慧群，刘丁慧．新常态下大学生创新创业资源整合问题研究：以企业资源基础理论为分析视角 [J]．卫生职业教育，2018，36（3）：10-12.

[13] 靳卫东，刘敬富，何丽．创新创业的心理动因：理论机制与经验证据 [J]．上海财经大学学报（哲学社会科学版），2018，20（6）：44-62.

[14] 乐乐，雷世平．高职院校创新创业教育模式研究 [J]．职教论坛，2019（9）：31-36.

[15] 黎勇，崔延强．地方高校创业教育与区域社会协同发展的创新机制研究 [J]．国家教育行政学院学报，2019（12）：34-40.

[16] 李南，陈云兰．英国高校创新创业教育发展经验及启示 [J]．智库时代，2018（33）：243-244+257.

[17] 李秀珊．经济新常态下高校创新创业管理模式探索 [J]．经济研究导刊，2018，18：173-174.

[18] 毛薇，谢莉莉．高校创新创业教育实施路径研究：基于"广谱式"视角 [J]．教育教学论坛，2020（17）：33-34.

[19] 倪珍珍．美国高校创新创业教育发展的经验及启示 [J]．新时代职业教育，2020，1：20-23.

[20] 冉春秋，黄永东，崔玉波．协同创新创业教育体系的构建和实践个案研究 [J]．北方民族大学学报（哲学社会科学版），2019（5）：165-170.

[21] 沈丹．基于“园区+高校”协同育人机制的大学生创新创业实践教育研究 [J]．福建茶叶，2019，41（9）：124.

[22] 苏新华，陈为德．基于生态系统理论的大学生创新创业培育环境优化探析 [J]．理论导刊，2019（9）：109-113.

[23] 王轲．高校创业导师团队绩效考核体系创新研究 [J]．内蒙古师范大学学报（教育科学版），2016，29（11）：35-39.

[24] 韦联桂．地方性高校绿色创新创业教育实践体系建构 [J]．广西社会科学，2018（10）：218-220.

[25] 吴洁，牛彦飞．创新驱动背景下高校创新创业人才培养机制 [J]．教育与职业，2019（23）：63-67.

[26] 肖华．激励理论视域下高校创新创业教育体系探究 [J]．教育与职业，2018（22）：70-73.

[27] 姚远，吴放．“立德树人”在高校创新创业教育生态系统中的价值引领研究：以嵌入理论为视角 [J]．学校党建与思想教育，2019（21）：90-94.

[28] 叶岚．高校创新创业课程体系构建研究 [J]．中国成人教育，2019（21）：61-63.

[29] 游生辉．基于校友资源整合下的大学生创新创业教育 [J]．创新与创业教育，2015，4：51-53.

[30] 张等菊．“广谱式”创新创业教育的意蕴、策略及路径研究 [J]．高教探索，2016（10）：13-17.

[31] 张文才，何敏学．地方体育院校“一体四课堂”创新创业教育的实践与思考：以吉林体育学院为例 [J]．职业技术教育，2019，40（26）：60-63.

[32] 张晓燕．新时代下大学生创新创业能力的培养研究 [J]．科技经济导刊，2020，11：156.

[33] 张永刚．新时期高校创新创业教育的现状及解决策略研究 [J]．中国商论，2019（1）：215-216.

[34] 赵娟．产教融合背景下应用型本科高校创新创业教育改革路径 [J]．中国成人教育，2019（22）：58-61.

[35] 赵亮．创新创业教育与专业教育深度融合的高校课程体系重构：基于理论与实践角度的分析 [J]．江苏高教，2020（6）：83-88.

[36] 周萍．众创背景下高校创新创业教育改革发展的路径探索 [J]．继续教育研究，2018（12）：61-64.

[37] 卓艳．以创业团队理念提升高校学生干部创新创业能力研究：以贵州商学院为例 [J]．福建茶叶，2019，41（11）：241-242.